历届世界杯用球

- ★ 1930 年第一届世界杯足球赛在乌拉圭举行，决赛在东道主乌拉圭队与阿根廷队之间进行。为了消除争议，决赛时上下半场分别采用阿根廷队和乌拉圭队提供的足球进行比赛。在上排左一图中，上、下分别为用于这场比赛上、下半场的样式球。
- ★ 1934 年意大利世界杯比赛用球"联邦 102"的仿制品。
- ★ 1938 年法国世界杯比赛用球"艾伦"。
- ★ 1950 年巴西世界杯比赛用球"超级得宝 T"。
- ★ 1954 年瑞士世界杯比赛用球。
- ★ 1958 年瑞典世界杯比赛用球。
- ★ 1962 年智利世界杯比赛用球"克莱克"。
- ★ 1966 年英格兰世界杯比赛用球"史莱辛格"。
- ★ 1970 年墨西哥世界杯比赛用球"电视之星"。
- ★ 1974 年联邦德国世界杯比赛用球。
- ★ 1978 年阿根廷世界杯比赛用球"探戈"。
- ★ 1982 年西班牙世界杯比赛用球"西班牙探戈"。
- ★ 1986 年墨西哥世界杯比赛用球"阿兹特克"。
- ★ 1990 年意大利世界杯比赛用球"伊特鲁里亚"。
- ★ 1994 年美国世界杯比赛用球"奎斯特拉"。
- ★ 1998 年法国世界杯比赛用球"三色球"。
- ★ 2002 年韩日世界杯比赛用球"飞火流星"。
- ★ 2006 年德国世界杯比赛用球"团队之星"。
- ★ 2010 年南非世界杯比赛用球"普天同庆"。
- ★ 2014 年巴西世界杯比赛用球"布拉祖卡"。

▲ 1930年，乌拉圭队成为第一届世界杯足球赛冠军得主。这是7月5日，国际足联主席朱利斯·雷米特（左）将冠军奖杯交给乌拉圭足协主席劳尔·裘德博士。

▼ 1934年，意大利队成为第二届世界杯足球赛冠军得主。这是6月10日，意大利队主教练波佐（中）高举奖杯和队员合影。

◀ 1938年，意大利队成功卫冕世界杯足球赛冠军。这是6月19日决赛开始前，意大利队队长梅阿查（左）与匈牙利队队长哲尔吉·沙罗希（右）握手致意。

▼ 1950年，乌拉圭队在决赛中以2比1战胜巴西队夺得第四届世界杯足球赛冠军。这是7月16日，乌拉圭队边锋吉贾（中）在决赛中破门得分后庆祝。

◀ 1954年，联邦德国队在决赛中以3比2战胜匈牙利队夺得第五届世界杯足球赛冠军。这是7月4日比赛结束后，联邦德国队队员合影留念。

▲ 1958年，巴西队在决赛中以5比2战胜瑞典队，第一次举起冠军奖杯。这是6月29日，巴西队前锋贝利（中）与队友瓦瓦（左）庆祝进球。

▶ 1962年，第七届世界杯足球赛中，巴西队成为继意大利队后第二支卫冕成功的球队。这是6月17日，比赛结束后，因伤缺席决赛的巴西队球员贝利（右二）走下球场与队友一起庆祝。

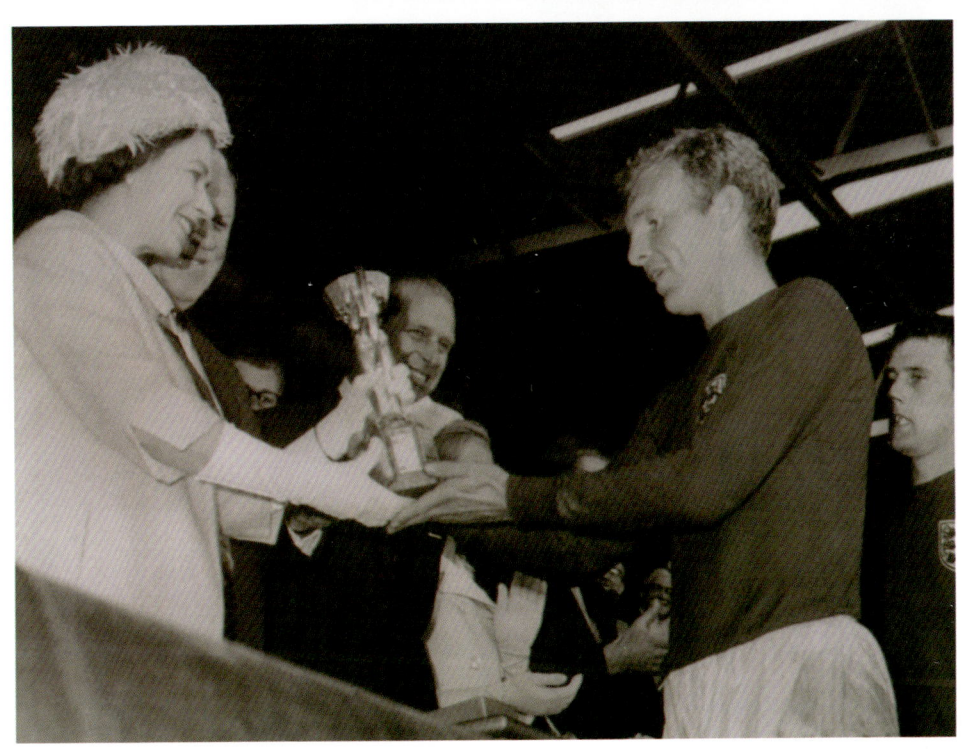

▲ 1966年，英格兰队在决赛中以4比2战胜联邦德国队获得第八届世界杯足球赛冠军。这是7月30日，英国女王伊丽莎白二世（左）向英格兰队队长博比·摩尔（右二）颁发雷米特杯。

◀ 1970年，巴西队成为第九届世界杯足球赛冠军得主。这是6月21日，巴西队前锋贝利（上）在决赛中与队友庆祝进球。

▲ 1974年，联邦德国队在决赛中，以2比1战胜荷兰队继1954年之后再次捧得冠军奖杯。这是7月7日，联邦德国队球员盖德·穆勒在比赛结束后被高高抬起。

▲ 1978年,第十一届世界杯足球赛,阿根廷队以3比1战胜荷兰队,历史上首次获得世界杯冠军。这是6月25日,阿根廷队球员肯佩斯(左)与队友贝尔托尼(右)庆祝进球。

▶ 1982年,第十二届世界杯足球赛,意大利队在决赛中以3比1战胜联邦德国队,成为继巴西之后,第二支三度获得世界杯冠军的国家。这是7月11日,意大利队守门员兼队长迪诺·佐夫高举世界杯足球赛奖杯和队员们一起欢呼胜利。

正是从这一届世界杯开始,培养了最初的中国球迷,让我们认识到什么是真正的足球,认识了德意志战车的钢铁意志,认识到意大利人链式防守的威力。也正是在这一届世界杯上,新球王马拉多纳横空出世。中国人对世界杯的梦想,也正是从这时候开始真正地萌芽。

▲ 1986年，第十三届世界杯足球赛，阿根廷队在决赛中以3比2战胜联邦德国队获得冠军，历史上第二次捧得金杯。这是6月29日，阿根廷队队长马拉多纳高举冠军奖杯庆祝胜利。

如果说1982年的世界杯因为得益于改革开放之初的黑白电视机的转播，才培养了最初的中国球迷。那么中国人对足球的纠结、怨恨、爱，还有期待，是从1986年世界杯预选赛被点爆的。在本届世界杯东亚区预选赛上，黑暗的"5·19"至今还是老球迷们心头的痛，有多少人在看完转播后情绪失控，又有多少球迷挥泪痛哭，可以说，经历"5·19"的球迷，此后经年，再无眼泪。而著名作家刘心武的一本《5·19长镜头》，更是让这一代球迷永远也走不出那一年那一天的工体。

也是在这一届世界杯上，马拉多纳正式封王，连过五人破门的绝技，成为永恒的经典。

▲ 1990年，第十四届世界杯足球赛，联邦德国队在决赛中以1比0战胜阿根廷队获得冠军。这是7月8日，联邦德国队队员们高擎金杯狂喜不已。中国球迷的成熟，应该从本届"意大利之夏"算起。"5·19"毕竟渐行渐远了，生活还在继续，球迷们更多以欣赏的眼光来品味世界杯的盛宴，来欣赏球星们的精彩表演。一代球王马拉多纳成为焦点，他助攻"风之子"卡吉尼亚淘汰巴西一球堪称绝妙，决赛输给德国战车时那飘飞的泪水让世界动容，名不见经传的斯基拉奇成为"金球奖"和"金靴奖"的双料得主令人称奇，德国人的成熟老练更是实至名归。

▲ 1994年，第十五届世界杯足球赛，巴西队在决赛中以3比2战胜意大利队，夺得本届杯赛的冠军，成为世界杯历史上第一支4次夺冠的球队。这是巴西队队长邓加（右）高举金杯向球迷致意。

意大利忧郁王子巴乔在本届世界杯中赢得了无数少男少女的痴迷，也因此培养了更多的中国女球迷。但更吸引眼球的，还是一代球王从此陨落，马拉多纳因被查出服用违禁药物而无缘复赛，阿根廷也因此未能进入八强。

▲ 1998年，第十六届世界杯足球赛，法国队3比0击败上届冠军巴西队，第一次获得世界杯足球赛冠军。

　　本届世界杯最离奇的故事是决赛中罗纳尔多的低迷，也最终成就了法国巨星齐达内。但德国人马特乌斯不老的传奇却令无数球迷津津乐道，以球员身份参加五届世界杯并参加了25场比赛，造就了前无古人的纪录，而这项纪录可能也后无来者。需要重提的是，这是中国足球第六次冲击世界杯失败，但队中有正值当打之年的徐弘、张恩华、郝海东、范志毅，还有孔继海、李铁、李金羽等生力军，正是他们的努力和发挥，为下一届中国队首次进军世界杯决赛圈埋下了伏笔。

▲ 2002年，第十七届世界杯足球赛，这是世界杯历史上首次由两国合办比赛。巴西队在决赛中以2比0战胜德国队获得冠军，成为历史上首次五度获得世界杯冠军的队伍。这是巴西队球员罗纳尔多高举金杯和队友庆祝胜利。

中国队终于来了，在米卢大叔"快乐足球"的引领下，中国足球第一次参加了世界杯决赛阶段的比赛，只可惜，小组赛三场比赛一场未赢，一球未进，被灌9球。而我们的近邻日本和韩国，一个进入八强，一个更是出人意料地闯进了四强，给中国足球好好上了一课。

多年后，回头再来看看，米卢大叔固然神奇，但中国队能首进决赛圈，也是沾了日韩东道主的光——亚洲两强直接出线，相当于给中国足球队让开一条通道。但是，从三场比赛的过程和结果看，我们的差距是全方位的，不论是全队配合、个人技术，还是足球理念、足球意识和足球文化，差距都不是几条街的事，而是相当遥远。足球人口、体系、走什么样的发展道路等和足球相关的话题，再次成为各界人士议论的话题。而多灾多难的中国足球啊，不但没有从本届世界杯中警醒，反而又陷入了更深的迷惘。

▶ 2002年6月4日，在韩国光州进行的世界杯C组第二场比赛中，中国队首战以0比2负于哥斯达黎加队。这是双方在哥斯达黎加队门前混战。

▼ 2002年6月8日，第十七届世界杯C组第二轮中国对巴西的比赛在韩国西归浦进行，巴西队以4比0战胜中国队。图为在比赛中，中国队郝海东头球摆渡。

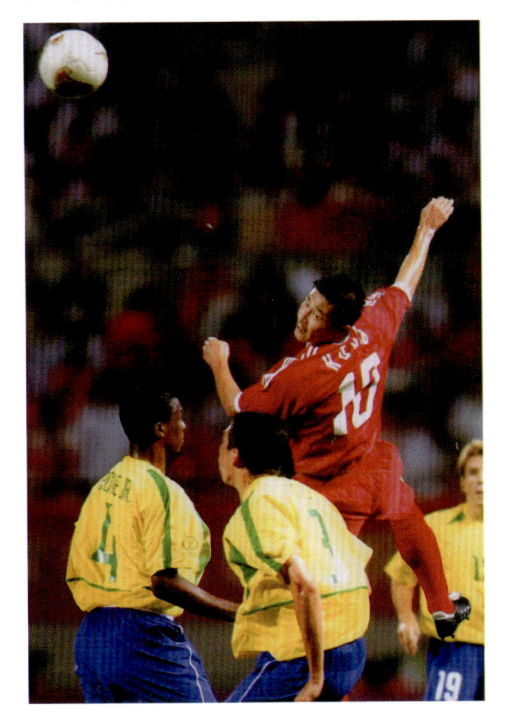

▼ 2002年6月13日，在韩国汉城进行的第十七届世界杯C组第三轮的比赛中，首次跻身世界杯决赛的中国队以0比3负于土耳其队，3战皆负无缘16强。这是20号杨晨（左）在比赛中射门，却将球踢在门柱上，懊恼不已。

▲ 2006年，意大利队球员卡纳瓦罗（中）在亲吻大力神杯。当日，意大利队在点球大战中战胜法国队，获得第十八届世界杯冠军。

华丽的意大利人又来了，中国的老球迷们大都是号称"小世界杯"的意甲培养成长起来的。本届世界杯，让无数意甲球迷兴奋异常，不仅看到了意大利队最终捧杯，还欣赏了皮尔洛优雅的传球和卡纳瓦罗领衔的后防线固若金汤的防守，更绝妙的是，"导引"了齐达内不冷静世纪一撞的马特拉奇的"神奇"。当然，也少不了"门神"布冯的精彩演出，他把守的大门，本届世界杯仅失两球（其中一球还是乌龙）。

当然，本届世界杯的悲情也同样感天动地，法国人心目中的"神"齐达内彻底退役，菲戈、卡恩等巨星宣布退出国家队，还有卡洛斯、卡福、卡卡、小罗等再也无法重返世界杯赛场，里皮也在夺冠后宣布辞职，而克林斯曼拒绝续约……

▲ 2010年7月11日,西班牙队在加时赛中以1比0战胜荷兰队,获得第十九届世界杯足球赛冠军。

　　西班牙人向全世界展示了传控的精妙脚法,当然阵容整齐、球星众多的斗牛士军团也最终问鼎,成为第八支举起大力神杯的球队。本届杯赛最神奇的是"章鱼哥"保罗,它的预测八测八中,成为头号大明星。

▲ 2014年7月13日，德国队与阿根廷队在90分钟内战成0比0平。最终通过加时赛，德国队以1比0击败阿根廷队，获得第二十届世界杯足球赛冠军。图为德国队球员巴·施魏因施泰格高举奖杯庆祝胜利。

  刚刚结束的巴西世界杯赛，冠军德国队有七名球员来自拜仁，联想起上届冠军西班牙也有七人来自巴萨，不由得让我们想到，中超恒大的国脚也占了国家队半数以上的名额，但在国家队多场比赛中却并没有展现应有的力量，看来中国足球仍任重道远。

  理性地看待本届世界杯，亚洲球队的表现实在让我们汗颜，和世界足球的差距不但没有缩小，还有被拉大的趋势。而只是在亚洲都不属强队的中国队，如何才能赶上世界足球发展的步伐，融入世界足球的潮流，值得深思。

  回顾过往，才来收获未来，那些年，那些事，一代代球迷看过来，也挺过来了。加油，中国足球！

王干◎著

世界杯 中国梦
那些年那些事

中国书籍出版社
China Book Press

图书在版编目（CIP）数据

世界杯中国梦：那些年那些事 / 王干著 . — 北京：中国书籍出版社，2014.7
ISBN 978-7-5068-4252-5

Ⅰ . ①世… Ⅱ . ①王… Ⅲ . ①足球运动—世界杯—基本知识 Ⅳ . ① G843.732

中国版本图书馆 CIP 数据核字（2014）第 149813 号

世界杯中国梦：那些年那些事

王干 著

图书策划	武 斌 崔付建
责任编辑	成晓春
责任印制	孙马飞 张智勇
出版发行	中国书籍出版社
地　　址	北京市丰台区三路居路 97 号（邮编：100073）
电　　话	（010）52257143（总编室）（010）52257153（发行部）
电子邮箱	chinabp@vip.sina.com
经　　销	全国新华书店
印　　刷	北京富达印务有限公司
开　　本	650 毫米 ×940 毫米　1/16
字　　数	200 千字
印　　张	17
版　　次	2014 年 8 月第 1 版　2014 年 8 月第 1 次印刷
书　　号	ISBN 978-7-5068-4252-5
定　　价	39.80 元

版权所有　翻印必究

我们都与马拉多纳同年（代序）

我妈说，1960年，是中国"三年自然灾害"最苦的一年。

就在这一年，王干老师和我分别出生在扬州和北京。那年出生的还有地球另一端的一位叫迭戈·马拉多纳的球星，拿切·格瓦拉的话说，你知道，大家都知道，他生于阿根廷。

让我这样一个做体育工作近三十年的读者，给鲁迅文学奖获得者王干（朋友都称：干老）的新书《世界杯中国梦：那些年那些事》写篇儿东西，胆是够大的，有点马拉多纳连过五人直捣英格兰球门的气派。好在有北京奥运会期间萨马兰奇那句"体育+文化=奥林匹克"撑腰，我们嬉笑怒骂皆成文章。

同样是喜欢足球，同样写足球明星，干老笔下的普拉蒂尼和马特乌斯，带有文学与哲学的"范儿"。不妨先读书里那篇"我崇拜的球星"，写得梦幻、洒脱、舒展、刚毅，文字中不断闪现电影《世界在他们脚下》的画面。

而对我等"阿迷"三十多年来延续喜爱的肯佩斯、马拉多纳、巴蒂斯图塔、梅西……乃至整个阿根廷足球，干老一句"无产阶级足球"的定位，真把阿根廷足球"舍得一身剐，敢把皇帝拉下马"的特质总结得精准恰当。

世界杯真正开始影响中国，应该是在1978年的阿根廷世界杯。那是国际足联制造"两个中国"，中国足球抵制世界杯的年代。但是当邓小平同志提出想看世界杯决赛的想法后，北京电视台（中央电视台前身）还是毫不犹豫地直接通过卫星接收信号，向全国首次直播了世界杯。这个解密世界杯历史的段子，本人曾在数年前《世界杯转播不能忘记》一文中披露过。

读《世界杯中国梦：那些年那些事》，能够清晰地看到，干老的世界杯文学情怀也是从1978年开始，可见其热爱足球资历之"老革命"。

1986年墨西哥世界杯，那是中国第一次全部转播52场比赛（那届世界杯有24支球队参赛，所以是52场）。当时与我一起报道世界杯的《人民日报》记者汪大昭，曾经在2002年韩日世界杯之后写了《二十年目睹之世界杯》。去年汪大昭老师退休后，我还炫耀"写了二十多年世界杯评论的，还没退休的，咱哥们算是硕果仅存之一"。

今天明白了，三十年来都未曾停止写世界杯，至今还没退休的，还有干老，一位与马拉多纳同庚，算是先进足球文化的传播者。

就在我写这篇力挺《世界杯中国梦：那些年那些事》文字的时候，荷兰队已经在巴西世界杯三战三胜第一个小组出线。这让我想起干老改编杨万里诗歌的那句名言："荷兰才露尖尖角，就有大力神立上头"。

不知干老当时咋想的？我挺希望这本书出版的时候，拿过三届世界杯亚军的荷兰队也能捧次大力神杯。

甭管您是干老文字的拥趸，还是未曾读过干老文字，只要你是球迷，相信一定会喜欢这本书的。

为王干老师《世界杯中国梦：那些年那些事》写一段

棋哥（王奇）2014年6月25日

足球颂

使用你的双脚

　　足球运动是人类对集体无意识补偿的一种形式。遗忘是人类的天性，而记忆也是人类的天性。在从猿到人这样一个漫长的过程中，手脚分工的不同使人类有了今日的面貌。汽车的出现，差不多宣布了脚的死亡。手与脚的距离又一次拉大了。这是社会的进步，但作为人自身的发展却是一个退步。"使用你的双脚"很可能是20世纪末和21世纪初最流行的时代主题。

　　在所有的球类运动中，足球是唯一使用脚来控制球。足球的魅力到底何在？足球的奥秘到底何在？原因自然很多，但有一条很重要，就在于它使用双脚来控制球，把脚的作用发挥到极致，它盘球、颠球、传球、射门必须像手一样灵巧自如。足球的价值就在于重新唤起人们对脚的价值的认识，对人自身全面而不是畸形发展的一种提醒。

　　人们喜爱足球运动并把它作为世界第一运动，可以说是健全人自身的一种本能反映，也可以说是人们对返祖意识的一种潜在的渴望。今天，脚仅是支撑双手和大脑的一个空洞的没有思想的体力支架而已，而足球正可以对此进行有效的富有娱乐性的积极的有趣补偿。在足球运动中，脚传递大脑的信息和思想，脚同时产生着信息、情绪和思想。在足球比赛中，脚部神经异常活跃，它产生出的倒挂金钩、凌空怒射、横扫铲射，其实都不过是远古猿类最最正常的维护生存本能的日常动作而已，而今天的观众则大为惊叹、称赞、歌颂，正说明人的双脚功能已退化到何种地步。

20世纪人们对自然开发的同时，已开始注意到对人自身的开发，虽然这种开发多半是从气功、瑜伽以及特异功能等生命现象受到启发的。其实，足球运动也是对人自身开发的一种。人类只用了四肢的一半，就出现了如此灿烂的文化，假如人四肢另一半被再度开发，会出现怎样的结果呢？真正对人另一半的开发自然不会停留于这样的初级阶段，更主要的是人的发展也不是一两天、一两个世纪就可以见成效的，而且也不会以人的意志为转移，问题在于人不能忽视对脚的潜在未知的价值。而现代足球又差不多是与汽车工业同时出现的，就更表明对人的潜能开发的必然性。

使用你的双脚吧！

进入21世纪的路牌上写着。

我崇拜的球星

崇拜产生上帝，崇拜产生领袖，崇拜产生明星，球星是众多球迷崇拜的结果。球星在本质上是与教练对立的，如果一个队员能完全彻底地贯彻教练的意图，他就很难发挥他的主体性，他就成不了明星。而他充分地自由地发挥了主体效能，那势必要破坏、瓦解教练的构思与意图。一支优秀的球队，教练与球员势必是对应而不互补的，再完美的意图终由球员来实施，再优秀的球员总是在群体中才会闪出光芒，而群体则是经教练的"意识形态"孵化过。个人与群体、主体与客体、主动与被动，在比赛中如何找到契合点，便是足球的魅力所在。因为球星总是与胜利共生的，败队的球星永远不会释放出特别的光芒。

我崇拜的球星至今有两个，这与我看球的球龄有关。我的年纪自然无缘亲睹贝利等人的英姿，也无法崇拜起来。我崇拜的第一个明星是法国的普拉蒂尼，在普拉蒂尼身上我灌注了年轻时代的全部理想和梦幻。潇洒、英俊、书卷气、漂亮的香蕉球和法兰西柔美的鬈发，这位欧洲俊彦的出现让巴西的"足球芭蕾"再也无法孤芳自赏，原先欧洲与南美抗衡的足球之势由此而倾斜到欧洲大陆。普拉蒂尼的最大遗憾是在他的运动生涯里没有捧到世界杯，这也是我最大的遗憾，就像一位美人最终没有找到一位合适的丈夫一样令人扼腕叹息。对普拉蒂尼的崇拜可能与我对法国文学的感情有关，在我看来，在普拉蒂尼身上，集中体现了从雨果到克洛德·西蒙几百年间法国文学人文主义的美好理想。这位浪漫的足球王子与足坛告别时，我曾暗暗发誓与足球告别，美丽的幻想破灭了，常常会产生如此的纯情念头。

　　对马特乌斯的认识是逐渐深刻的，不像对普拉蒂尼那般一见钟情。德国的马特乌斯像一匹超拔于世的骏马，冷峻而韧性十足，神奇的爆发力像随时能射穿球网似的，总是在关键时刻屡建奇功。人们曾经用力量型来形容德国队，但力量一旦升华为艺术，就所向无敌了。有人指责马特乌斯是足球机器，其实正是对马氏的最好赞誉，踢足球而成为机器，不是大师是什么？长期以来，理性足球并不为观众称道，其实这正是现代性的标志。理性足球并不是取消即兴发挥，更不是限制队员的创作，而是需要队员始终保持"整体"意识，这种整体意识不仅包括对己方阵形、球路配合的大局观，而且包括对对方整体的了解和把握，以便随时调整策略确立攻防。马特乌斯身上则充分体现了现代足球的精神。天才运动员今后会出现，足球技战术也会发展，但作为整体的理性精神则永远是现代足球的灵魂。因此，说马特乌斯是足球哲学中的老黑格尔并不过分。

足球与球迷

世界杯足球赛的门票少则百十美金，多则几千，远非一般中国球迷所能享有的。而作为球迷，尤其作为超级球迷，如果不能亲临世界杯大赛的现场，充分享受赛场内外的气氛，亲眼目睹各国球星的风采，何谈球！何言迷！

这样说丝毫也不否认中国球迷的存在，只是说球迷亦是有限制的。为什么农民中少球迷？很简单，除了文化与视野的先天性因素外，还有生计问题的影响。而青年中球迷众多，与他们的经济不受控制和时间可以自由支配有关。成了家、结了婚的男人虽是依然爱足球但须在不影响妻子爱好、不影响孩子学习、不影响老人休息的诸多前提下进行，而这诸多前提的多重制约便使足球的光泽变得不那么崇高、神圣了。

不少球迷都患有不同程度的精神病。在他们当中，最常见的类型是偏执狂。虽然不能说他们全是生活竞赛中的失败者，但作为个人理想和愿望被压抑或没有充分得到展开则是肯定无疑。每个球星都有自己的拥戴者，每个球迷都有自己的偶像。足球的传播，比宗教更容易被更多的人接受。也许，宗教太严肃、太累了，而足球那么实在，那么直截了当，那么不受约束，所以全球各地会产生诸多肤色的球星和数以亿计的球迷。

足球，其实不是球星的运动，而是球迷的运动。没有球迷，就没有足球。不知道会不会有朝一日足球像中国的京剧一样，成为一种博物馆艺术。很难说！

我与马拉多纳同龄

如果说马特乌斯是黑格尔的话,那马拉多纳则是当之无愧的当代尼采。尼采高喊"上帝死了",而马拉多纳利用"上帝之手"成功地登上了冠军的宝座,俨然以上帝自居。这两位疯子创造的"作品"让人们目瞪口呆,影响深远。马拉多纳强烈的进球愿望和高超的个人技术,代表的已不单是一种体育风范,而是一种带有沙文性质的征服意识。

马拉多纳受人喜爱,也遭人非议,他不断制造新闻,不断被人们关注,马拉多纳是一个英雄,但更多的时候却是一个没有长大的顽童。他信口开河,他喜怒不受外界限制,他甚至犯禁,乃至于被迫离开挚爱的绿茵场。

作为马拉多纳的同龄人,我并不特别喜爱他。但我从不否认他是一位民族英雄,一位足坛天才,一位率真孩子气、有毛病的巨星。

0比0的意义

0比0是足球比赛场上出现的结局。很多外行不喜爱看足球的原因之一就是双方队员在场上折腾了半天,最后却以0比0的结果告终。因此0比0是一个被人讨厌的比分。其实,这是一种误解,没有进球并不意味着没有比赛,更不意味着没有进攻,虽然这样的平局赛往往乏味无聊(这种乏味、无聊在其他项目的比赛中同样存在),但零的比分并不足以否定整场的比赛。事实上,有不少精彩的比赛是以零的比分结束的。如果光有出色的进攻遇不到出色的防守,一面倒的球赛固然热闹,但进攻的出色也就显示不出来。出现

0比0的比赛大约有这样几种情况：

①双方无斗志，都为保平局而敷衍掉90分钟。
②一方只守不攻，一方攻而不力。
③双方有出色的进攻，又有出色的防守。
④弱队碰到强队，顽强抵抗，瓦解了强者的攻势。
⑤猫儿腻。

在上述五种情况中，第一种与第五种属同一种原因，第二种说明攻守失去了平衡，这两类球赛大致都不精彩，都让人乏味。而三、四种情况的比赛倒是吊人胃口的比赛，球门时时告急，但城池永远不会失守，直到终场哨声响起前的最后一秒钟。观众的悬念直至最后一秒也未能得到解开：到底谁更强些？如果是弱队逼和强队，观众一定会为强队惋惜而称赞弱队出色表现，"弱国可以打败强国，小国可以打败大国"，这一定律在足球上最容易得到证明。渴望进球是人类的本性，但防守住大门则是足球运动的真谛。足球真正魅力不在于进球的数量，而在于质量，在于高质量的进攻，还有高质量的防守。篮球运动进球数大大超过足球，可它的魅力却明显不如足球。

这一切都是由守门员决定的。从某种意义上说，足球是守门员的艺术，因为如果没有守门员，足球就变成了用脚踢的篮球了。虽然场上的比分会大幅度地上升，但足球的观众肯定也会大幅度地下降。进球固然精彩，但差点进球、快要进球、进球不算，会更让人感到遗憾、惋惜、回味，这有点像爱情最迷人的时候不在举行婚礼，而是快要得到对方的激动人心的那一刻。人们为失去的爱情反复咏叹，反复追忆，可很少有人去反复歌唱已经得到、已经生米煮成熟饭、已经拖儿携女、已经锅碗瓢盆交响曲的爱情的结果。0比0的价值在于努力而没有实现，零与负价值有天壤之别。零也是一种价值。

·目录·

◆ 序 言 ◆

我们都与马拉多纳同年（代序）…………… 001
足球颂………………………………………… 001

◆ 第一辑 世界杯影 ◆

中国球迷的后世界杯时代…………………… 003
波斯人的灵魂在奔跑………………………… 006
世界杯来了，梦又开始了…………………… 008
世界杯开幕式独少一人……………………… 009
马拉多纳的"游击战"………………………… 011
黄健翔"四周年祭"…………………………… 013

误判是世界杯的毒瘤 …………………………………… 015
巴西出局说明穆里尼奥神话的破灭 …………………… 018
梅西命如贝克汉姆 ……………………………………… 020
荷兰才露尖尖角，就有大力神立上头 ………………… 022
西班牙夺冠很丑陋，裁判向着荷兰 …………………… 024
挺英格兰的三十三又三分之一理由 …………………… 026
腐朽的没落的资本主义踢法 …………………………… 029
再挺英格兰的三十三又三分之一理由 ×2 …………… 032
伟大的嗓门无处报国 …………………………………… 034
别让世界杯成了欧洲杯 ………………………………… 036
玻璃美人又碎了，一地不可捡拾的美丽 ……………… 038
足球与婚礼 ……………………………………………… 040
意大利夺冠：刘邦如何胜项羽 ………………………… 041
埃里克松和斯科拉里的精神分析 ……………………… 044
韩国之鉴 ………………………………………………… 047
世界杯是个俗物 ………………………………………… 049
一决雌雄盼英法 ………………………………………… 051
欢呼足坛新生代 ………………………………………… 053

一人独享世界杯……………………………………055

白马与黑马……………………………………………057

戏说犯规………………………………………………060

◆ 第二辑　岁月与人 ◆

作家眼中的甲A甲B……………………………065

作家与足球的故事……………………………………075

海　　埂……………………………………………087

无可奈何球远去………………………………………089

教练当自强……………………………………………092

遥望施拉普纳…………………………………………095

梦之篇…………………………………………………097

泪洒奥运………………………………………………101

让我一次哭个够………………………………………103

飙升八万份的启示……………………………………105

解说的变迁……………………………………………107

话说主教练……………………………………………109

网上看足球直播…………………………… 111
期待奇迹……………………………………… 113
米卢驯驴……………………………………… 115
中国足球只剩下条短裤…………………… 117
足球不相信暴力…………………………… 119
世界杯与后意识形态空间………………… 133
啊！足球…………………………………… 144

◆ 第三辑　门外论道 ◆

春天的期盼………………………………… 153
特别球迷…………………………………… 155
足球与围棋………………………………… 157
韩国人的举手投足之间…………………… 159
关键时刻…………………………………… 161
平局难踢…………………………………… 164
折　磨……………………………………… 166
痴情球迷无情球…………………………… 168

两负伊朗说明什么 …………………………… 170
当一回场外教练 ……………………………… 172
防守的问题也是素质的问题 ………………… 174
"身体"热没热 ………………………………… 176
输出老茧来了 ………………………………… 178
虎头蛇尾的赛制 ……………………………… 180

◆ 第四辑　边看边说 ◆

给甲A取外号 ………………………………… 185
归去来 ………………………………………… 189
谁能灭万达一道 ……………………………… 191
换帅，精明而不高明 ………………………… 193
游戏笔墨 ……………………………………… 195
中国队的秘密武器 …………………………… 197
知耻而后勇 …………………………………… 199
穷人发财如受罪 ……………………………… 201
回到甲A ……………………………………… 203

错 位………………………………… 205
足球与迷信……………………………… 207
健力宝与徐根宝 ………………………… 209
莫爆炒徐根宝…………………………… 211
没有根宝，甲A好凄冷 ………………… 213
陈亦明兵法在胸………………………… 215
祝戚务生1997年好运 …………………… 217
戚迟金不是三个和尚 …………………… 219
戚务生的"亚运情结"…………………… 221
非凡的平局……………………………… 223
可爱又可恨的范志毅…………………… 225
哦，我的队长…………………………… 227
年终结算………………………………… 231

后 记……………………………… 233

第一辑 世界杯影

　　从1994年的美国到2014年的巴西,中国球迷最深刻的记忆也是对一届届世界杯的记忆,哪怕这每一次"豪门聚义排座次",其实和中国足球都没什么关系。

　　大力神杯轮流传,胜负不过一时,那么看世界杯20年来,我们看了些什么?关于世界杯,我们又还可以说些什么?

　　四年一度世界杯,留下的是一阙阙英雄江湖的传奇,带走的是一段段追不回的岁月。

中国球迷的后世界杯时代

看客，又是看客，世界杯的常看客。

我看世界杯32年，1982年的世界杯，我是黑白电视的看客，2014年我是高清电视的看客。毛主席诗词云：三十八年过去，弹指一挥间。我说：三十二年过去，世界杯离中国远去。我们曾经是世界杯的狂热看客，现在依然是世界杯的狂热看客。看客可以看门道，看出门道还是看客。

我们曾经当过过客。2002年的韩日世界杯，中国队因为占着亚洲东道主的名额侥幸地抽进世界杯，但过客的尴尬甚至不如看客轻松。那届世界杯上中国足球队创造的几项零的记录，至今无人超越，零胜利，零分，零进球。

其实，世界杯已慢慢进入了一个后世界杯的时代。

后世界杯的一个重要特征，就是越来越政治化。当世界杯主办地从日韩转战到南非，再从南非转战到巴西的时候，世界杯变得越来越小了，小得像一张地图。以前的世界杯基本上是在南美和欧洲之间轮回，而现在有了亚洲和非洲的介入，更像一个小联合国了。体育运动的世界化，其实是政治化。比如橄榄球运动，没有世界杯，它倒反而更是一项纯粹的体育运动。

联合国常任理事国的美国、俄罗斯、英国、法国都有自己的球队出现在巴西世界杯的赛场上，唯独没有中国的球队。

八国峰会的美国、俄罗斯、英国、德国、法国、意大利、日本的足球队出现在本届世界杯的时候，列席八国峰会的中国没有

球队在巴西亮相。世界杯是没有列席的,只有缺席。

缺席就是看客。

缺席就是不在场。

中国不在场,这就是世界杯。

但是,在中国的联赛赛场上,我们有世界杯的元素。据资料显示:这一届巴西世界杯中超球员入围人数超过前20年的总和。其中有3名韩国外援,他们是效力于广州恒大的金英权、北京国安的河大成、广州富力队的朴钟佑;此外,还包括贵州人和队的波黑中场米西莫维奇和来自山东鲁能的澳大利亚后卫麦克格文。如果加上中甲青岛中能的洪都拉斯后卫查韦斯,再加上曾经效力过申花队的德罗巴,在世界杯赛场的"中国元素",远远超过以往。过去20年中,中国足坛的外援能出战世界杯的只有5人,即冈波斯、阿格布、安贞焕、萨比隆和帕拉西奥斯。当年冈波斯参加世界杯时曾经让人们激动了一阵,而今诸多球员出现巴西世界杯,连CCTV5都懒得去采访。

在中超赛场上,还有一支世界杯的队伍,这就是以里皮为代表的执教过世界杯球队的教练。今年赛场上的里皮和埃里克松,再加上去年的吉马良斯和冈田武史,世界杯教练一时多达4人,占总球队的八分之一。这就是中国的世界杯——世界杯元素在中国足坛闪耀,世界顶级的教练和球员来到中国淘金。

球迷们大饱眼福,球星们捞足腰包。30年前,20年前,那些离中国球迷无限遥远的世界杯英雄一下子出现在自家门前的赛场上,我们对世界杯和足球的神圣感、神秘感、神话感,也在被剥蚀,被稀释。我们不在场,但他们在我们的球场。

这就是中国球迷的后世界杯境遇：没有中国参加的世界杯，但"世界杯"在为中国足球打工。是世界杯变小了，还是中国变大了？

(巴西世界杯记　2014.06.24)

波斯人的灵魂在奔跑

　　这可能是巴西世界杯上最顽强的抗争，伊朗队在90分45秒被梅西的一记超级世界波击垮。波斯人90分钟的浴血奋战，在最后的一个关头，城门失守，阿根廷人偷袭成功。

　　伊朗人在为他们的荣誉而战，同时也是为亚洲的荣誉而战。亚细亚的足球在世界的版图上太渺小了，渺小得可以忽略不计。虽然历届世界杯都有亚洲人的身影，但亚洲队基本上也就是扮演一个跑龙套的角色，匪兵甲匪兵乙的群众演员，简单说就是来哪个亚洲的国家队都一样，都是无足轻重的鱼腩。以至于澳大利亚人也愿意加入到亚洲争取一张入场券，因为大洋洲和欧洲的附加赛，澳大利亚队也就是匆匆过客。当然，澳大利亚队在亚洲的命运也不是想象的那么轻松。他们刚加入亚洲足联参加的第一次预选赛，在最后的关头，碰到了伊朗，在所有舆论和倾向都觉得澳大利亚出线无疑的时候，甚至在2∶0领先的时候，伊朗的波斯铁骑绝地反击，以3∶2逆转出线。

　　那次伊朗人告诉澳大利亚人，亚洲不是欧洲人后裔的足球后花园，欧洲血统在亚洲也不一定就是足球的强者。

　　或许在伊朗人的血液里，就有一种不服的基因。他们对超级大国的蔑视，对强权的抗争，让美国人很不爽。虽然美国收拾了伊拉克、利比亚等国，但在伊朗人的面前，至今未能有更好的办法。

　　这一次伊朗面对的是阿根廷队。巴西是五星元帅，而阿根廷则是球霸。一代天骄马拉多纳是球霸，梅西则是新一代的球霸——

球王被C罗抢去了。伊朗和阿根廷交战，他们的压力可想而知。我在网上看到的一则消息说，面对送分童子——伊朗队，梅西可以大开杀戒。而事实上，如果不是阿根廷的守门员的3次神勇扑救，送分童子该是曾经的世界冠军阿根廷队；如果不是超级球星梅西在补时的出人意料的爆射，如果在90分钟内结束比赛的话，阿根廷队也是送分童子，伊朗队至少1分在手。

最后的时刻，波斯人累了；最后的时刻，波斯人有了稍许的松懈，而这一刻阿根廷人抓住了一点点的破绽，针尖大的破绽，刺破了伊朗人的防线。

但伊朗人的抗争，值得讴歌。这是一个不屈的灵魂在奔跑。

（巴西世界杯记　2014.06.22）

世界杯来了，梦又开始了

至人无梦，不是老子说的，像是老子说的。

我们是凡人。我们都有梦。

我们有一个共同的梦，叫世界杯。

四年一梦，梦萦四年。

这一次梦的源头是南非，非洲大陆的神奇之地，曼德拉的家乡。

足球的颜色原是黑白的，后来改成了五颜六色，而这一次世界杯在南非，当改成黑白两色。黑白两色，记录南非的历史，也象征这个世界的两极构成。天地万物，阴阳黑白，互为补充，互为依存，同一个世界，同一个梦想。

世界杯是自由的，世界杯是独立的。独立、自由，也是世界的理想和目标。因为更多的时候，不能自由，因为更多的人群，不能独立。所以，才有了这样的梦想。

梦想凝聚成世界杯，就变成了狂欢，就变成了节日。战争也会因此暂停硝烟，谈判也会因此变得庸俗，恋爱也会因此显得过于酸甜。

华丽的梦想，非现实的梦想。好莱坞大片的现实版，英雄史诗的真人秀。三国英雄数吕布，世界杯英雄属于谁？不是三国，是三十二国。不是魏蜀吴，是亚非欧美全球参战。身体和智慧，策略和阴谋，光荣与晦暗，人生与戏剧。

醒着的梦。

四年太短又太长，华丽帷幕拉开，闭幕是那样的伤感惆怅。失恋似的回想。

（南非世界杯记　2010.06.11）

世界杯开幕式独少一人

世界杯开幕式上，人们在寻找一个身影，一个熟悉的身影。那个已经有些蹒跚、有些苍老的身影，他已经91岁。

他始终没有出现在现场。他沉浸在悲痛中，而民族的狂欢如期而至。

这是梦想的来临。

尽管曼德拉没有能够出现在开幕式上，但你会时时感到曼德拉的存在。开幕式第三乐章赞美诗人的出现，是曼德拉的替身和代言。

曼德拉说过，这个国家需要一些伟大的东西。这个伟大的东西，我把它视为梦想。20年前，曼德拉从牢狱中走出，南非的种族隔离制度经过曼德拉的多年抗争被取消。20年后，南非迎来了世界杯的盛大节日。我想，这就是曼德拉所说的伟大的东西之一。

我们对南非很多是通过曼德拉的故事去了解的。南非留给我们的最大印象就是种族隔离，而这种隔离今天通过足球得到了弥合。这种弥合不只是南非的黑白弥合，也是全球不同人群、不同肤色、不同信仰的弥合。

开幕式向我们展现了南非浓郁的风情和文化，还带着强烈的洲际色彩。这是最近几届奥运会、世界杯开幕式上洲际色彩最鲜明的一次。有一章专门来展示非洲的文化和风情，同时让参赛的6支非洲球队来分别展示各自的地域文化。黑非洲成为开幕式的主旋律，当然在一片黑海洋中，也时现白面孔。

我不由想起足球的颜色原是黑白的，后来改成了五颜六色。这一次的比赛用球叫"普天同庆"，很有意味，而不是"飞火流星"那样纯粹的技术性的名字。普天同庆和同一个世界、同一个梦想是同一个主题。这一次在南非的世界杯球赛，比赛用球"普天同庆"应当改成黑白两色。黑白两色，代表的不仅是人种的肤色，也记录南非的历史，同时象征这个世界的两极构成。灾难深重的南非人民，为了独立和自由，与种族隔离主义者的斗争，不屈不挠。而这黑白，是皮肤，也是哲学。其实黑白无贵贱，色彩均平等。天地万物，阴阳黑白，互为补充，互为依存，同一个世界，同一个梦想。同一个足球，同一轮太阳。

（南非世界杯记　2010.06.12）

马拉多纳的"游击战"

这一个夜晚,法国输了,韩国输了,尼日利亚也输了。韩国队输得最惨,1:4,输得没面子,而且让伊瓜因完成帽子戏法,梅开三度。和兄弟朝鲜队1:2输给巴西队的虽败犹荣相比,韩国队输得丢人现眼,把我们徐坤老师刚刚树立起来的亚洲雄风的创意弄得散落一地。雄风黄了,变成雄黄,借着端午的劲儿,现原形了。

阿根廷队赢得利索,比巴西赢朝鲜利索多了。为什么?实力当然是一回事。但马拉多纳成功地改变了球队的节奏,让梅西从前锋的位置后撤,在前腰的位置上飘忽不定地跑动和组织进攻,让韩国队事先的预设方案落空,防住了梅西,防不住伊瓜因。韩国队是著名的"跑不死"。记得在2002年的世界杯上,韩国队的奔跑能力让意大利、西班牙这些球队也累得半死,最后被拖垮。但马拉多纳不和你去拼体力,他成功地将贝隆撤下,撤下贝隆意味着阿根廷队的节奏改变了原来的进攻方式。梅西不再只是终结者,也是发动者。韩国队有力使不上,跑得抽筋也没机会。

阿根廷队是这一届世界杯上攻守节奏最为古怪的球队。至少我们看到的两场比赛就大不相同,对阵尼日利亚是一种节奏,对阵韩国又是一种节奏。当然,阿根廷队在比赛当中的节奏也鬼怪多端,进韩国队的第二球是任意球,梅西发动的任意球没有直接传向球门,而是转了几个圈才突然传吊到伊瓜因的射程内,而由于这辗转,韩国队防守的满腔热血无处发泄。待血冷时,阿根廷队才杀将过来,

韩国队正好慢了半拍。所以，巴西打朝鲜显得累，而阿根廷打韩国游刃有余，就在于在破了韩国队的节奏。朴周永的那个乌龙球看似偶然，其实是韩国队的节奏乱了。

节奏是球队的生物钟。生物钟乱了，球队的战斗力轻则下降，严重的则近乎崩溃。韩国队下半场的下半段到了崩溃的边缘，因为它内在的节奏乱了。阿根廷胜是必然。西班牙败在瑞士脚下，就在于瑞士队成功地控制了西班牙的节奏。西班牙队员的步点，瑞士队就像跳舞一样都能踩上。西班牙如果节奏不变化，前景堪忧。

反观法国队，虽然中场堆积了一大堆能传能接的好手，但由于节奏被对手掌握，墨西哥队总是能成功地堵上枪眼，让法国队无功而返。世界杯上其实每个队员都堵枪眼，但问题是能找到枪眼，像阿根廷这种球队就是通过节奏的变换，让韩国队连堵枪眼的机会也没有。

毛主席著名的16字的游击口诀，让中国共产党在战争中受益不浅。切·格瓦拉是南美人民心中的英雄，是丛林中的游击队长。在足球场上，马拉多纳采用的也是游击战术。马拉多纳当年就是球场的著名游击队员，如今发扬光大他的游击作风了。

难怪，球迷把他的画像和格瓦拉一起高挂。

（南非世界杯记　2010.06.18）

黄健翔"四周年祭"

4年了，4年前的6月27日凌晨黄健翔惊天一吼，花月失色，球坛哗然。故人离去，足夜黯然。

那个意气风发的黄健翔从此"死"了。当上老板的黄健翔变成了黄加李泡，不是酒而是泡。

世界杯出英雄，世界杯出花絮。花絮里有故事，故事里有传奇。传奇里有悲剧，也有喜剧。哥伦比亚的后卫因为乌龙被人枪杀，令人扼腕。足球流氓攻击警察，令人气愤。马拉多纳上帝之手，令人喷饭。世界杯是眼球经济，世界杯也是巨大的秀场。多少人因此名扬天下，也有多少人黯然退场。

黄健翔是靠足球成名，当然也差点毁在足球上。4年前，他莫名的发飙让他丢了饭碗，要是放在20年前，他的足嘴生涯也就了结了。在计划经济时代，不是你想辞职就辞职的，一切要靠组织安排。发了飙的黄健翔多半会被安排到后台，做做剪辑之类的无名的活。而如今，黄健翔可以自己开公司了，而且还可以做足嘴的活，赚足嘴的钱。

黄健翔的惊天一吼，用各地方言说出来都很有味道。很奇怪，这是一种什么语体，动力来自何处？很具体，又很抽象，像诗歌，也像流行音乐，还像段子。灵魂附体，鬼魂附体。黄健翔大仙般，神汉般，巫婆般，失常地一飙，来无影去无踪。澳大利亚被莫名伤害，意大利被送上冠军奖台。

可惜，领奖台上，没有黄健翔的身影。其实应该给黄健翔一

块金牌的，或者至少大力神杯该让黄健翔摸一摸的。黄健翔为意大利的胜利夺冠，请来保佑之神。

我忽然想起，要是今年的世界杯上，黄健翔这么一吼，还会有那么大的效应吗？比如李承鹏对朝鲜队的议论，其内容要比黄健翔的发飙狠得多。但没见舆论有什么反应。看来，足球的舆论环境比4年前的要宽松些了。刘建宏、段暄若再说让某某队滚蛋之类的话，也不会有那么的轰动了。当然，黄健翔是个"作男"（张抗抗有"作女"一说），天生的明星气质和表演才能，不在4年前的澳大利亚队折腾出事来，还会在其他的他不喜欢的球队上折腾出事来。总之，CCTV不适合他，他适合在明星堆里转。

但是CCTV5少了黄健翔，就像英格兰少了贝克汉姆，阿根廷少了马拉多纳，CCTV5的世界杯少了些许激情，也少了很多悬念，还少了很多看点。而黄健翔的足嘴虽然延续，但却变成了碎嘴，虽然和那么多人在一起，你还是会感到他是孤单的，他是茫然的。黄健翔的激情要有民族、国家、政治这些庞大的背景做支撑，才具有感召力。做娱乐，他不如郭德纲，也不如周立波，更不如赵本山。李承鹏的球评走俏，也往往离不开这些大的元素做支撑。看的是足球，说的是国家、政治、民族、战争、人种、宗教，甚至还有人生。纯粹的足球，跟看人打麻将无异！

所以，黄健翔那一吼，对曾经似乎伟大的黄健翔和正在伟大CCTV都是伤害，双不赢。

谨以此文祭奠那个已经消失的黄健翔。

魂兮，安息！

（南非世界杯记　2010.06.24）

误判是世界杯的毒瘤

每次看世界杯，总是抱着期盼的热情而来带着伤感的情绪而去。16强产生了，意味着16支队伍告别了。8强产生了，意味着另外8支球队离去了。留下的，不一定是你喜欢的，而离去的常常令人遗憾甚至扼腕。

上届冠军意大利走了，亚军法国队也走了。亨利走了，泪流满面的郑大世走了，一球不进的鲁尼郁闷地走了，而墨西哥人带着对裁判的愤怒也走了。当然英格兰的兰帕德也满怀着世界杯史上最大的冤屈绝望地离开，兰帕德比窦娥还冤，窦娥有昭雪时，而英格兰却只能抱恨仰天长啸。

他们回家了，从演员成为看客，看人家的表演、厮杀。晋级的命运总是相似，出局的命运则各有不同。有的差之于实力，比如老迈的伊朗队；有的遭遇分组的安排，比如南非队；有的毁之于裁判，比如韩国队。总之，他们离开了，带着遗憾和惆怅，也带着失望和懊悔。

比之以往的世界杯，这届很多球队和球员是被裁判赶回家的。误判之多，让这届世界杯蒙羞。韩国队被裁判误判，英格兰的进球被吹掉，墨西哥则被一记越位球击中要害，回天无力。当然，马拉多纳的阿根廷队成为误判的最大受益者。有人说，误判也是世界杯的一部分，误判也是足球的魅力。

甚至连足联主席布拉特也振振有词地宣扬这种荒唐的言论。悲剧！正义何在？公平何在？以前由于科技原因，比赛时间又紧

张，不能花很多的时间去判别越位、进球这些细微的差异，只能由裁判最终判罚。而现在，电子眼刹那间就能解决问题，为什么要容忍这些误判和差错呢？

国际足联纵容裁判的误判其实是有私心的。因为高度的科技化意味着裁判猫腻的空间越来越小，指鹿为马式的错判也就少了很多，国际足联操作比赛的空间也就越来越小了。中国足球出事的一大原因，就因为裁判成了百慕大。金哨陆俊敢于作假，就在于他也说过误判是足球的魅力的话。误判，有些其实是可以避免的。误判不是足球的一部分，恰恰是足球的毒瘤。

米兰·昆德拉有部小说叫《为了告别的聚会》，说的更像是世界杯。32支球队从各自的国度来到南非，参加这样4年一度的豪门盛宴，直到最后曲终人散。争王的过程，也是一个离开的过程，一些球队晋级了，一些球队就要离开，今天晋级了，或许两天之后又离开了。冠军队产生的过程也是31支球队离开的过程。世界杯的魅力不在于曲终人散，而在于曲不终已有人散，人不断地散，球队不断地晋级。留下来是暂时的，离开是必然的。豪门盛宴，其实是看谁吃到最后，谁的胃口更大、更好，大胃好胃者就成了霸主。天下没有不散的宴席，世上没有不夺冠的赛事。那些离开的球队让人感伤，让人惆怅，尤其是那些球艺高超而运气欠佳的球队，尤其是那些球星光芒四射的球队，他们的离开，总是能激起人们的无限同情、惋惜甚至埋怨。

人生总是要遭际各种各样原因的离开的，有的早一点，有的晚一点，有的浅一点，有点深一点。甚至那支夺冠的队伍，在夺冠之时，也是离开之日。那些优秀球队和优秀球员的离开，会让人伤感，只是内涵不尽相同。球员会为自己的拼搏和奋斗而眷恋球场,球迷会为这些球队的精彩表演而不再深感遗憾。世界杯是激情的世界杯,同时也是百感交集的情感大世界,正因为如此,才会让人难以忘怀。

(南非世界杯记　2010.06.28)

巴西出局说明穆里尼奥神话的破灭

巴西出局了,我有预感。比赛开始前,在微博里,我说荷兰能胜出。唱国歌的时候,我看到了荷兰人的自信。几次看唱国歌的神态,就能看出胜负来。这是新一招。唱国歌时的神态是队员心态的外现,全队的神态意味着比赛的走向。

巴西的出局,拯救了足球。因为这个夏季流行国际米兰的模式,连巴西都国际米兰化了,这足球还有什么艺术可言。好在巴西出局了,邓加这个工兵确实把巴西队改造得像个扫雷队了,以至梅诺扫完雷还要在罗本身上加一脚,这一脚炸雷了,炸伤了自己。邓加这个工兵,被自己埋的地雷炸了。

落后一球的巴西不是问题,以前的巴西经常反败为胜,但是邓加的只会打防反的巴西队根本组织不了像样的进攻。鸡贼似的偷袭机会没有了,巴西人居然不知道怎么进攻了,而以前的巴西队是何等的华丽和流畅。如今只会防反的巴西,面对人家的防反,只能吞下苦果。

巴西以桑巴著名,但今天的比赛尤其是后半场的比赛哪里有点桑巴的影子?和希腊队、澳大利亚的进攻也并无差异。

浪费天才球员,颠覆传统艺术,邓加毁了巴西足球。以前的巴西败北,让人惋惜,而这一次完败,让人释怀,因为穆里尼奥神话终于破灭了。巴西的足球还是要桑巴,不要鸡贼。

其实,这场比赛不是荷兰踢得有多好(他们错过太多机会),

而是巴西踢得太糟,因为他们不会进攻了,而进攻是巴西的灵魂。

　　巴西败了,意味着足球不会倒退,要不然世界杯真的会死掉。足球还活着,世界杯还活着。

(南非世界杯记　2010.07.03)

梅西命如贝克汉姆

这么写,会遭很多梅西的粉丝痛骂,尤其是那些女球迷的痛骂。但是,我还是要说,自古红颜多薄命。球技超群、形象可人的梅西很难捧上大力神杯,这是一种宿命。上帝不可能把所有的好处全给一个人。

我也是梅西的粉丝,就像我曾经是贝克汉姆的粉丝一样。年轻可爱的梅西,和当年如日中天的贝克汉姆一样,代表着青春,代表着理想,代表着艺术,尤其是梅西处理球举重若轻的潇洒和优美,迷死人。真正的万人迷。

但贝克汉姆没有带领英格兰拿过世界杯,英格兰队每次的铩羽而归总是让人扼腕伤心。今夜,为梅西流泪、叹息、睡不着的人不在少数。阿根廷的惨败虽然和梅西没什么直接的关系,但历史上那些英俊潇洒的球星往往在世界杯上都不能笑到最后。今晚,梅西成了没戏,我在打拼音时,梅西居然蹦出了没戏,就有不祥的预感。

如今在主席台上的法国球星普拉蒂尼,当年是和贝克汉姆、梅西一样风度迷人、球技过人的大球星。他带领的法国队也一直是夺冠的大热门,但两次世界杯,普拉蒂尼总是与大力神杯擦肩而过。1998年的世界杯长得像工匠的齐达内、图拉姆硬是完成了普拉蒂尼没有实现的梦想。

多年以前,我在写贝克汉姆的"红颜薄命"时,就写过,像梅西这样成为女粉丝偶像的球星最容易激发对手的斗志。男人都是喜欢被女人爱戴的,男人都是要面子的,梅西的火自然会激发对手的"力比多"。"冲冠一怒为红颜",这是在和普拉蒂尼、贝克汉姆、梅西比赛时,对手为什么屡有超水平发挥的根本原因。潜在的嫉妒会转化成愤怒,而愤怒会转化为巨大的战斗力。男人的醋性具有核辐射力。

身材五短的马拉多纳可以获得世界冠军,光头秃驴齐达内可以获得冠军,但潇洒高雅的普拉蒂尼获得不了,英俊优美的梅西也得不到,虽然梅西很年轻,还有机会,但恐怕摆脱不了在世界杯上的悲剧。记得马拉多纳之后的巴蒂也是一位风度迷死女球迷的阿根廷战神,但巴蒂还是无缘世界杯冠军。

由此推断梅西的前景,大致难脱宿命。

(南非世界杯记　2010.07.04)

荷兰才露尖尖角，就有大力神立上头

荷兰队胜利了，胜得艰难，胜得精彩。乌拉圭队输了，输得艰难，也输得精彩。当初法国队因为和乌拉圭队踢平，大家就认为法国踢得很烂，其实是冤枉法国队。今晨乌拉圭和荷兰的对决，说明乌拉圭平法国是必然，甚至是法国的幸运。因为在这场半决赛中，如果不是乌拉圭过于看重荷兰队过于保守，如果整场比赛踢得都像最后20分钟那么勇敢进攻的话，大约是有希望和荷兰队平分秋色的。

当然，荷兰队太强大了，今晚荷兰队终于露出了獠牙，咬了乌拉圭三下，乌拉圭虽然忍着疼痛还击，无奈为时已晚，中毒身亡。

没有飞翔的翅膀，但有置人于死地的獠牙。以往的荷兰队是一群飞翔的风神，但他们忘记了飞翔的目标是为了寻找猎物，是为了击倒对方。飞翔是一种姿态，而不是目标。为了表演飞翔而飞翔，这样的飞翔只会折翅而断。优美的姿态让荷兰成为无冕之王，他们是风之子，但每次俯冲大力神杯时总是擦杯而去，他们太注意自己的行为美了。

这一次的荷兰不再是飞翔的雄鹰了，罗本秃鹫般的眼神说明这是一群渴望猎物的豺狗，它们嗅觉灵敏，动作迅速，庞然大物巴西也被它们疯狂的反扑压倒。显然，乌拉圭也是和荷兰一样的食肉动物，也是不注重飞翔姿势的豺狼虎豹，但荷兰人多年积累的功力还是帮助他们更胜一筹。

荷兰队貌似巴西队的打法，但邓加要求的是去巴西獠牙的稳健。进攻是桑巴的灵魂,而现在的巴西不会打阵地战了,基本靠防反来偷袭对方,甚至面对朝鲜这样的弱队也是靠麦孔的偷袭先拿分的。但到落后的时候,巴西队就不会强攻了。而荷兰队的稳健,并没有丢弃飞翔的特性。他们在落后巴西一球时强攻连追两球直至领先;在今晨被乌拉圭逼平时,重新组织进攻,而且很快收到效果,说明他们不只是会防反的保守球队。他们不表演飞翔,他们只等待一剑封喉。

  荷兰队终于露出问鼎的气焰,拿下乌拉圭之后他们的冠军相毕露了。等待西班牙和德国最后的决斗,如果是德国队,荷兰人将用节奏和内功破坏掉德军的闪电战;如果是西班牙,则胜负难料,因为西班牙修炼得和荷兰一样老道,都近乎天衣无缝了。何况,西班牙的内功也是浑然天成。只是西班牙问鼎欧洲杯之后,队员有点审美疲劳了。而荷兰人的新鲜劲,刚出炉,才露尖尖角,这是优势。

(南非世界杯记　2010.07.04)

西班牙夺冠很丑陋，裁判向着荷兰

这不是我要的西班牙。

这不是我要的荷兰。

这不是我要的世界杯。

西班牙踢得像荷兰队，西班牙踢得像乌拉圭队。而在季军争夺战中，现在的乌拉圭踢得像决赛前的西班牙，德国队踢得像飞翔的荷兰。

球踢得不好看可以，为了夺冠。但不能踢得太脏，脏了观众的眼球。一张红牌和14张黄牌，让那些年轻的孩子以为世界杯决赛变成了橄榄球呢！其实至少应该是3张红牌，德容和普约尔各漏掉一张黄牌。

西班牙放弃了擅长的拉小提琴的脚法、像德国队似的长传、像意大利式的链条防守，为了遏制荷兰也是黄牌满天飞。而荷兰人一夜之间变成了前乌拉圭队，铲断、拽人，两队砍大树一样将对方的进攻球员放倒，然后长传。

这可能是本届世界杯开赛以来最脏的一场比赛，一场最暴力的比赛，也是最丑陋的比赛。双方都等待着对方犯错，然后鸡贼似的偷袭。邓加一定在暗暗得意，都说我保守，他们比我还保守。

龟缩、砍树、长传，不是沉闷，而是丑陋。沉闷是水平问题，是没钱花的问题，丑陋是有钱装穷人。所以这个时候，越发怀念朝鲜队的大方和慷慨，他们一往直前地进攻，无憾。

罗本一人孤独地在向前，进攻进攻再进攻。一次次被放倒，没有放弃。在假摔盛行的年代，罗本宁可断腿，也不摔倒，和那些丑陋决裂。在场上25人（含3裁判）的奔跑中，罗本的奔跑为足球保留着一星火种。

丑陋的不仅是两队的教练和队员，还有裁判。我知道西班牙需要一个世界杯，世界杯也需要崇尚进攻崇尚艺术的西班牙拿冠军，章鱼保罗也需要西班牙拿冠军，布拉特也需要西班牙拿冠军来拯救世界足坛的风气，西班牙也有能力拿世界杯。我也希望西班牙拿世界杯，但不是这么拿的，这么拿是对进攻足球、艺术足球的讽刺。

章鱼保罗和裁判都在为西班牙保驾护航，但裁判的表演比章鱼更拙劣。记得陆俊说过一段话，大意是：拿了某队的红包，不要每次都袒护这个队，只要关键时候帮一下就成了。英国裁判很好地贯彻了陆俊的思想，无关紧要的判罚还像向着荷兰，但致命的判罚都有利于西班牙。罗本的疑似点球视而不见，伊涅斯塔的疑似越位视而不见，这两个反差就让荷兰人回天无力。记得巴西人曾先攻破荷兰人的门，但荷兰人奋起反击，以2:1逆转。

但116分钟的失球（疑似越位）让荷兰人遭受绝杀。裁判的功力了得。

你以为裁判偏袒荷兰，其实是他和章鱼保罗共同将西班牙推向冠军的宝座。

西班牙夺冠无愧，但程序不公正，过程很丑陋。

(南非世界杯记　2010.07.12)

挺英格兰的三十三又三分之一理由

知道挺英格兰是风险极大的，因为英格兰队不知什么时候成了玻璃美人，美丽而易碎，但是，历史要让英格兰队走到前四、决赛甚至捧冠，我也没办法。据说在英国，一名船夫已经投入60万美元来赌英格兰队获得世界杯冠军。著名的火星酒吧已经改名为"相信酒吧"，因为他们相信英格兰队能获胜。在比较偏远的英国西北部，一个地区竟然谱写了一首"世界杯国歌"，连羊听到这首曲子时都兴奋不已。

或许是八卦吧。除了赛程、分组、地点这些因素有利于英格兰队外，英格兰队自身的综合实力指数在各方面也可能是最高的。一个球队的综合实力指数包含了各方面的因素，以往几届人们之所以过高地估计英格兰队的实力，只是看到球队的单纯实力，而没有从综合指数去看待。

第一，配置。英格兰队的配置几乎是黄金配置。如果从球队的实力来说，每届世界杯都有七八个队能够有实力问鼎，而问鼎的球队必然是配置最合理的。这届英格兰队从队员的实力到年龄层，从球星到主教练，配置极其合理。就队员实力而言，从后卫到前锋到中场，每条线上都有实力超群的人物，欧文、杰拉德、鲁尼等都是世界一流的球员。主教练埃里克松、球星贝克汉姆更是不逊色于任何人。巴西队也是人才济济，但济济得有点人才过剩，有点资源闲置的味道，弄不好会造成资源的不合理使用。首战克罗地亚让罗纳尔多提前下场，就说明人才多了，一不小心就成了"多收了三五斗"。

第二，经验。失败的经验更可贵。前两届英格兰队为什么成了玻璃美人？很重要的原因是他们脆弱的心理，不成熟的比赛经验。几乎这几届的世界杯英格兰队都能上演几场可歌可泣的吸引眼球的比赛，但总是悲壮地死去。原因在于他们的激情大于经验，不理解大赛是一连串的PK，导致状态过早，或情绪失控，被对手钻了空子。本届比赛，被媒体看好的德国队、意大利队有点像当年的英格兰队，热情，有活力，但状态太早，会吃经验不足的亏。而英格兰队的老队员贝克汉姆、欧文等都是世界杯的三朝元老了，很多败将醒悟时往往已无缘赛场，而贝克汉姆们有机会重来一次。他们会把他们的教训转化为成功的经验。他们首场的疲软是在为后面的艰难储蓄能量，说明他们已经懂得在什么时候用力最合适了。

第三，运气。运气来了挡也挡不住。球运是一个队夺冠必不可少的要素，英格兰队这几届世界杯一直是走背字的球队，关键时候老是掉链子。从马拉多纳那个上帝之手开始，英格兰队的实力和运气老是不成比例。俗话说，风水轮流转，也该轮到英格兰队开和了。首场打巴拉圭队的那场比赛，贝克汉姆的任意球鬼使神差地让对方吃了一个乌龙，说明幸运之神在庇护这支饱受蹂躏的三狮军团。且英格兰队自1966年拿过世界杯冠军之后，就一直与冠军无缘，甚至与决赛无缘，漫长的40年熬一个冠军也算"最"有应得吧。

种种征兆在昭示英格兰队的冠军坦途，假如有什么障碍阻碍的话，那就是天敌——阿根廷队来坏了好事。

（题目借用了一个叫《三十三又三分之一》的新长篇的名字，在此向新锐作家阿罗悦致谢。）

（德国世界杯记　2006.06.15）

腐朽的没落的资本主义踢法

法国队曾经是我钟爱的球队。

我也是齐达内的忠实粉丝。

然而，我还是要批判这个已经垂死的没落的腐朽的资本主义球队。本届世界杯法国队从一开始就表现出的那种懒散的伪贵族或没落贵族的糜烂气息，不，在上届韩日世界杯上的对非洲队塞内加尔的首战中表现出来的漫不经心，就让人感到这是一支由无产阶级蜕变成的假资产阶级球队。

1998年的世界杯，长得像工匠的齐达内、巴茨以及更像流浪汉的图拉姆等无产阶级形象组成的球队击败了以贝克汉姆为代表的资产阶级球队，一举夺得世界冠军，圆了法国人的百年梦想，也宽慰了我们这些高卢雄鸡和齐达内的拥趸。之后，法国队又顺利拿下欧洲杯等金杯。齐达内和他长得像工匠、流浪汉的队友们把世界足坛的荣誉尽揽。

然而，也就是从那时起，法国的工匠们走起了贵族的猫步，在球场上不紧不慢，胜似闲庭信步。工匠们玩起了艺术，就错位了。没有血性和野性的足球，比高尔夫更庸俗。今天凌晨三点，我破例起床看了法国队和韩国队的比赛。我以为法国会知耻而后勇，没想到在韩国队面前也好意思玩起防守反击的伎俩。是韩国啊，不是拥有罗纳尔多的巴西，也不是倾国倾城倾全球的"贝哥哥"。我都为6月5日陪练的朱广沪带领的中国足球队难为情，凭什么我们要收缩防守，不就是一场热身赛吗？人家韩国队正式大赛都能压出去攻,打得法国队龟缩后场,我们压出去也就最多输3个吧?输球又输面子,莫非是受了中国队的传染?韩国队以一种大无畏无产阶级的方式把伪贵族的法国足球冲得一团乱糟。

年迈的齐达内和法国队防守策略自是足球的一活法,但工匠们的血液里流的应该是战士的血、愤怒的血、烈士的血甚至流氓的血,想换成绅士和贵族的血,并不像杰克逊换肤那么简单,在球场上背叛自己的出身,就会失去战斗力和想象力。这里的出身不是指这些球员的血缘出身,而是说足球本身就是无产者的运动,是与资产阶级格格不入的草根者的竞赛方式。这并不是说足球运动员全是穷人而没有富家子弟,而是说它的运动性质,就像共产主义运动不排斥像切·格瓦拉那样的贵族参加一样。

最具贵族气质的普拉蒂尼在1986年没有PK过充满流氓无产者气息的马拉多纳,马拉多纳的好处是钱再多也不把自己当贵族看,他因永远的穷人立场成为广大球迷的偶像。最具贵族气质的普拉蒂尼在法国足球史上没有创造出工匠形象齐达内所创造的奇迹,虽然在退役之后普拉蒂尼可以当欧足联主席、世界足联的主席,甚至奥委会的主席,而齐达内连国家队教练都轮不上,这就是足球。

这就是足球魅力经久不衰的另一原因:穷人永远比富人多。

足球不仅是穷人运动,而且越来越像丑人运动。你看看巴西队的那些面孔,比工匠、流浪汉更酷,他们拿到了世界冠军理所当然。但是,这一届不行,他们如今踢的也是资产阶级的腐朽踢法。你看罗纳尔多的大肚腩,你看他们的慢节奏,你就知道这个球队与无产阶级的战斗精神远离了。

马克思在《共产党宣言》中有一句格言非常适用于世界杯上那些一无所有而奋进拼搏的球队：

　　无产者失去的只是锁链，得到的却是整个世界（杯）。

（德国世界杯记　2006.06.19）

再挺英格兰的三十三又三分之一理由 ×2

刚刚看过英格兰队对厄瓜多尔队的比赛。说实在的，不精彩，远不如凌晨阿根廷队对墨西哥队的精彩，但有精彩表现的墨西哥队出了局，有精彩表现的阿根廷队在苦熬了120分钟之后却要面对东道主德国队的PK，而悠闲的英格兰队却悠闲地等着荷兰队与葡萄牙队的苦战，然后将他们的胜者、历经血战才艰难获胜的胜者吃掉。

残酷的教训让埃里克松、让英格兰队为追求胜利、为追求冠军而放弃场面的优美，甚至不惜拖延时间完全放弃进攻，而追求实用的结果，这让很多的球迷和媒体会不满。记得1982、1986年的巴西足球队在桑塔纳的调教下踢出了优美得像芭蕾一样的攻势足球，至今还让人们怀念，但优美的巴西队始终得不了冠军，甚至连续两届连决赛都进不了。之后桑塔纳的继任者放弃了赏心悦目的桑巴舞，用实用的不优美的足球连续在1994、1998、2002三届世界杯上进入决赛，两次捧冠而归。

这就是商业时代的竞技体育，优美而不实用。只是审美意义上的无冕之王，还不如一个平庸表现的冠军，甚至马拉多纳的上帝之手这样丑陋的表现并没有降低冠军的成色。我们应该理解英格兰队低迷的表现，因为他们有远大的理想——世界冠军。不只是埃里克松需要那样一座奖杯，贝克汉姆也需要，英足总也需要，英格兰的球迷也需要，全世界的英格兰球迷都需要。

不想当将军的士兵不是好士兵，不想拿冠军的球队不是好球队。问题是英格兰队的这等表现还能不能拿冠军？

我看有戏。

仿佛是天意，上帝有意让英格兰球员轮流出状态。上一场贝克汉姆的状态受抑制，但"左贝克汉姆"乔格尔挺身而出，以一个贝克汉姆式的落叶球确保英格兰队以小组第一出线。这一场乔格尔受到了厄瓜多尔队员的特别关照，被媒体诟病的贝克汉姆不仅多次参与防守，瓦解了厄瓜多尔的进攻，而且以一记最典型的落叶球导弹般准确击败厄瓜多尔队，把自己的异常低迷的球队和低迷异常的队友送进了八强。

一个球员出色的状态就可以拯救一支球队。怕就怕一个球队在一场比赛中将所有的队员的状态挥发光，到下一场没人有状态了。就像昨天的瑞典队，他们在前一场对英格兰队的比赛中全队的状态何等好，但遇到德国队时就没状态了，拉尔森甚至连点球都踢飞。你也就明白贝克汉姆为什么会踢飞点球了，在踢点球之前他状态往往会出奇好。

一切都是天意，一切朝着英格兰队最有利的方向发展。欧文受伤了，鲁尼就可以合情合理地首发。贝克汉姆的状态受到质疑，但这一场他一人就击败了厄瓜多尔队，避免很多矛盾，而且在他的带动下，鲁尼的状态也慢慢蒸发出来，相信下一场必是鲁尼将英格兰队带进四强。

该鲁尼作贡献了！

(德国世界杯记　2006.06.26)

伟大的嗓门无处报国

黄健翔曾是我喜欢的足球解说员,他的激情而不掩饰的解说是对传统风格的革新。近年来黄健翔、刘建宏的解说渐缺新意,也许是由于两位大佬资源使用过度,补充不够,还是可以理解的。但今晨黄健翔在解说意大利队对澳大利亚队的比赛结束的刹那,不知道情绪为何如此失控,忘记解说员的客观立场和中立态度,令人不可思议。

他仿佛解说的是中国女足和澳大利亚女足的比赛,那一个点球仿佛是孙雯罚进似的,而不是托蒂。

他仿佛是一个球迷,一个为本国球队胜负而心脏乱蹦乱跳,快要心肌梗死的疯狂球迷。事后他对张斌说,他不知道他说了些什么,不知他做了些什么。可观众知道他说了些什么,他的潜意识一目了然。

可爱的黄健翔像醉汉一样,不知道他说了些什么。

他被世界杯灌醉了,被意大利队突如其来的点球和突如其来的胜利灌醉了。

球不醉人人自醉。

其实,我倒是希望澳大利亚队爆冷门的。小国打败大国,弱国打败强国,其实是有观赏性的,本届不是没有冷门吗?

澳大利亚队那么可恨吗?没觉得!

意大利队那么可爱吗?也没觉得!

不明白,不明白。

唉，要是中国足球队能参赛的话，黄健翔积蓄已久的无限激情或许就有了正确的去处了。

都怪中国足球队不参赛，害得健翔错把杭州当汴州。

空有一副伟大的嗓门，无处报国！

祖国啊！您伟大的左后卫在哪里？

（德国世界杯记 2006.06.27）

别让世界杯成了欧洲杯

看球，有高兴的事，也有不高兴的事。

晚上看球颇费了一点周折，先是和几个朋友约好吃饭后到酒吧去看，然后又有朋友约到东直门一老乡开的茶家去看。我去了以后，老乡在吃饭，我坐一会，其他朋友又不来，我看时间尚早，就回家看了。打车回家遇大暴雨，只好从地下车库绕，才少淋雨，避免了落汤鸡。

看球时，雷声隆隆，不一会停了。听到了熟悉的声音，有些吃惊，解说阿根廷队和德国队的比赛，居然是黄健翔！不大相信，发短信问了朋友，得到确认，很高兴。一个队员顶进一个乌龙，不能把他开除球队。一个演员，演砸了一场戏，以后还得让他演。黄健翔大概也不愿离开足球。

央视的胸襟不小。

我不知道新浪如何让我成了"倒黄派"的，今天上午才知道。倒黄者，有让其下课之意图。非我意图，也不敢有此意图。我只说他的失态，没呼吁让他失业。后来看到郑也夫先生的表态，颇有同感，就不想多说了。其实，我的第二篇《黄健翔和郑渊洁引爆了什么》就强调足球的超越性，寓意自明。而新浪把我、郑也夫、胡戈相对中立的言论当作"倒黄"的"代表作"，肯定也有自身的难处。

不高兴的事，是阿根廷队点球被淘汰。我有些偏爱阿根廷队，他们有活力，踢的是无产阶级足球，敢于进攻，无所畏惧，但被淘汰了。更重要的是，如果明晨法国队把巴西队淘汰的话（极有可能，虽然巴西队踢的也是保守的资本主义踢法，但法国队踢的是更老牌的资本主义），世界杯就成了彻底的欧洲杯。那多无聊。

无聊！世界杯越来越无聊，还不如上届的剧情复杂。

不写了，乘意大利和乌克兰中场休息的机会把它发了。

突然想起晚饭时，开的一句玩笑，要是让黄健翔解说意大利队对乌克兰队的比赛，就牛了！

差一点，央视就最牛了！

(德国世界杯记　2006.07.01)

玻璃美人又碎了，一地不可捡拾的美丽

英格兰队又输了，输得那么令人绝望！

女儿破例打来电话，知我伤心，安慰我。她说她，居然看的是西班牙台。我说，你西班牙语都听得懂？她说，哪有那么快！看足球看得懂！

我说，输，有预感。

其实，比赛开始前，看两个队唱国歌时的神态，发现葡萄牙人异常自信。我突然有一种预感，葡萄牙今天要赢球。我的一个朋友因看我的博客成了英格兰队的球迷，短信说，葡萄牙很凶呀！另一个朋友也告我说，他押英格兰。我回短信说，和我一样。其实我心里有点虚。比赛的进程在奇怪裁判的安排下，不断朝着不利于英格兰队的方向发展，但英格兰队有血性，在鲁尼被误罚下场后，就像下象棋让条车一样，就像围棋让对方两子一样，沉着而冷静地对待命运不平等的安排。

赛前，鲁尼不能参战，再现玻璃美人命运之相。后来鲁尼神奇复出，我想此玻璃命已破。没想到欧文莫名地受伤，再次隐隐验证那个玻璃美人宿命的到来。

应该说，现在的英格兰队已经不是当年那个玻璃美人了，贝克汉姆已经从一个帅哥变成了一个男人，一个大哥，而瑞典人埃里克松的绅士风度比英格兰人更加绅士，场上的队员以血肉之躯铸成了防守的长城，让多一人的葡萄牙队无从下口。就场上的机会而言，英格兰队攻门几次近在咫尺，只是被葡萄牙队的妖门一一挡住。

那朋友焦急地不断要我预测比赛进程，我回短信：加时。又问，又回：点球。又问谁赢，我迟疑了一下，回了一个字：英。当葡萄牙人罚失两粒，我满以为比赛会按照我的预言出现理想的结果，我想玻璃美人快成钢铁巨人了。但是，妖门里卡多毁灭了这个巨变。

英格兰队的队员们可以把自己锤炼成铁人，但英格兰队摆脱不了玻璃美人的命运。在最后一刻，当少一人的英格兰队快要顽强地扼住命运的咽喉时，葡萄牙队的守门员里卡多又用他的黑砂手把英格兰队摁在玻璃美人的命门里。

碎了，巴西人斯科拉里和葡萄牙人里卡多砸碎了那个美丽的瓷瓶。

英格兰队命如薄瓷。

......

一地碎瓷。

一地的光辉。

一地不可捡拾的美丽。

这初夏的夜空中雨点闪烁。

（德国世界杯记　2006.07.02）

足球与婚礼

七月一日,有一过去的同事结婚,邀我前去参加婚礼。夜里看足球,睡得懵懵懂懂,还没从足球的情境中走出来,就到了婚礼现场,发现热闹如球场,席间忽然觉得参加这婚礼有点像中国人看世界杯似的,没自己的事,还瞎激动。

世界杯叫豪门盛宴,现在的婚礼必找一家大酒店,大伙撮一顿。同事的婚礼在中旅大厦,五星,自然是豪门。吃的有海鲜,有山珍,自然是盛宴。

看足球比赛,往往是双方的球迷到场,这婚礼也是双方的亲友团到场。

足球比赛,越精彩,观众越高兴;婚礼上,大伙儿也希望新郎新娘的节目越出彩越高兴。

足球比赛有裁判,这婚礼有证婚人。

最有趣的是足球有解说员,这婚礼不知何时有主持人这个角色。以前的婚礼一般都是由男方家中的长辈,比如舅舅,来主持拜天地的仪式。现在是由一个职业的主持人来主持,与男方无亲无故,与女方也无亲无故,但往往主持得激情澎湃,山呼海啸,高潮迭起,像中国的电视评论员评说世界杯,人家射门、点球之类的好事,没他的份,倒不知疲倦地喊破嗓子,可爱之至。

鲁迅先生曾批判中国国民的看客心理,此二例,虽是娱乐,倒也无害。

(德国世界杯记　2006.07.04)

意大利夺冠：刘邦如何胜项羽

硝烟弥漫，战火纷飞，足球场不是战场胜似战场，不是舞台胜似舞台，精彩表演，激烈拼搏，曲终人要散，杯定球要停。大幕徐徐拉上，英雄各回各家。

世界杯又称大力神杯，获得了大力神杯也就是称霸世界杯。四年一度的世界杯其实就是武林的华山论剑，就是高手的巅峰PK，也是绿茵新王者的加冕。

绿茵争霸，球场夺杯，要谋略，要思想，要用兵的智慧，要天时、地利、人和。

每届世界杯，总是有无数的英雄揾英雄泪，总是有无数的好汉让人扼腕叹息。

也总有一家捧得金杯归，笑到最后笑得最好。

大力神杯啊大力神，大力神杯的造型是双手托起地球，也就是拥有了整个世界。这是多少人的梦想，多少人的白日梦啊！

三十二路争雄，三十二路夺冠，一路倒下英雄无数，一路唱起的都是英雄的悲歌。

最后的霸主是英雄还是枭雄？大力神杯还是大力神丸？

这一届世界杯各队甫一亮相，人们就把目光聚焦到阿根廷队、德国队、荷兰队、西班牙队这些踢得虎虎有生气的球队身上。在他们身上，洋溢着青春、锐气和活力，是阳光、是草地、是鸽哨，没有人喜欢年迈而迟缓的法国队，没有人希望意大利队走到最后，更没有人愿意看到狡黠的斯科拉里带的葡萄牙队进入四强，我甚至把他们的控制节奏的慢吞吞的打法称之为"腐朽的没落的资本主义踢法"。

然而，垂死的资本主义垂而不死，经验主义战胜了进攻主义，年轻的阳光的球队相继倒下，而有些阴鸷、有些腐败的球队却在慢热之后虽然有些猥琐但都混进了四强，要不是德国队和阿根廷相遇，四强可能全是这些看上去腐朽的球队。

英格兰队在这一届的表现完全没有打出前两届的气势和水平，但由于采用意大利式的老练的保守的防反打法，虽然场面难堪，但也混进了八强。但在更老练的斯科拉里面前，英格兰队就显嫩了。他们踢了一场本届世界杯最漂亮的球。却被淘汰了。少年气盛的鲁尼有项羽之勇，无刘邦之谋，率先中了红牌，败给葡萄牙队也就难免了。而法国队对意大利队的决赛，齐达内带领法国队踢出了雄壮而优美的男人足球，但意大利人马特拉奇使出的歪招让齐达内发生了黄健翔式的晕眩，让齐达内霸王别球，让法国队与冠军失之交臂。

这有些让人想起秦末的楚汉相争。刘邦和项羽是当时反秦的英雄，但后来两人为王位——那个时代的大力神杯，不得不来一次PK。项羽一表人才，力举千钧，横扫秦军如卷席，是赫赫有名的楚霸王，更拥有日行千里的乌骓马和美妙绝伦的虞姬，可谓集天下的好事于一身，得天下也是众望所归。然而，刘邦却运用了类似斯科拉里的战术，在残酷的点球决战中淘汰了项羽，乃至项羽惊呼：非战之过，天亡我也！

贝克汉姆的命运有点类似项羽，技术超群，相貌美男，一脚如导弹般准确的任意球（乌骓马），风情万种的辣妹维多利亚（虞姬），如能高举大力神杯，将是力量和艺术、男人和足球的完美组合。

然而，贝哥哥空有一身绝技，却屡屡铩羽而归，和辣妹同唱垓下悲歌，望大力神杯而兴叹：悲兮，大力神，非战之过，天不助兮！

和项羽相似命运的足球英雄不只贝克汉姆一人，当年风度和球技绝佳的克鲁伊夫、普拉蒂尼、济科、苏格拉底都与大力神杯无缘。

教练有项羽命的，最著名就是1986年的巴西队教练桑塔纳，他的艺术足球和进攻足球20年之后让人怀念，仍让今天的功利足球显得丑陋不堪，但他不能称王世界杯。

最像项羽的球队是荷兰队，世界杯因这个球队的存在而充满了悲壮，永远不知道保守足球和功利足球怎么踢。进攻、艺术、青春是荷兰队的灵魂，但在世界杯赛上它不断被刘邦式的球队打败，离冠军的大力神杯永远一步之遥。以至于荷兰人希丁克带的球队也充满了悲壮的进攻精神，决不像斯科拉里那样，带巴西队也坚持沉闷的保守打法。

或许历史无情，虽然司马迁把项羽作为与刘邦一样级别的帝王写进"本纪"，但足球史不能承认荷兰队是冠军队，不能说克鲁伊夫捧过大力神杯。而马拉多纳哪怕用上帝之手这样无赖举动骗得世界杯，但大力神杯上在记录阿根廷队时是不会这样加注的：全靠上帝之手。这也是世界杯越来越保守的原因，这也是刘邦的灵魂纷纷在那些夺冠球队附体的原因。过程美好，结果就很难美好。

观众喜爱项羽，至今《霸王别姬》仍在唱，从梅兰芳到屠洪刚。

大力神杯爱刘邦，封王封帝，一统江湖，至高无上。

谨以此文告别世界杯。

谨以此文向项羽式的真英雄致敬。

(德国世界杯记　2006.07.10)

埃里克松和斯科拉里的精神分析

本届世界杯硝烟已散，四分之一决赛中，英格兰对葡萄牙那一役让无数英迷扼腕叹息，鲁尼下场、贝克汉姆受伤、点球踢飞，隔着电视大屏幕似乎都能听见英国球迷的叹息。

是葡萄牙太锋利？还是英格兰太脆弱？2002年世界杯、2004年欧洲杯、2006年世界杯，三次交锋都败于阵前，到底是实力还是宿命？

两国交兵，实力相当的情况下，要拼天时地利人和，要拼主帅运筹帷幄点将用兵的才能。英格兰PK不过葡萄牙的背后，是埃里克松不敌斯科拉里。

在两队的比赛中，我们经常会看到这样的镜头：英格兰队主教练埃里克松西服革履、戴着白色无边眼镜，非常安静地坐在主教练席的位置上，偶尔也会跟助理教练耳语几句，或是点头示意，若有所思，很有绅士风度。他会因为球队的精彩表现兴奋得走下教练席，也会因为球队的失误而痛苦，但动作总之不会太夸张，像一座稳稳的山峰。

与他形成鲜明对比的是葡萄牙队主教练斯科拉里，运动裤配着T恤，几乎看不到他怎么坐在教练席上，他总是目光炯炯地站在球场边，挥舞着手臂、大喊大叫现场指挥，偶尔还会帮忙捡捡界外球，似乎一刻也离不开比赛现场。球队有精彩的表现时，像球员一样兴奋蹦跳，失利时愤怒地咆哮，像一头雄狮。

埃里克松与斯科拉里是完全不同的两种类型的人。他们之间的较量，埃里克松注定输多赢少。他们之间的区别，不在于经验、知识和领导风格，而在于思维模式的不同。

思维决定行为，根据 GFT 思维模型分类（目前在企业中应用广泛的测评理论，将人分为 ABCDXY 六种类型），埃里克松属于 X 型思维，而斯科拉里属于 A 型思维。这两种类型的特点和区别如下：

X 型思维的人，是逻辑、分析思维，强调逻辑和依据，善于在相对确定的环境中做出准确的决策。典型特征是：对事非常敏感，非常自律，对自己要求严格（注重自身形象，比赛场合西装革履，稳坐教练席），有耐心和毅力，喜欢做事规范化、标准化（严格按照原先设定的战术计划推进比赛），善于快速整合信息和拷贝式学习（上次点球失利，本次训练时苦练点球），思维方式为逻辑整合信息，信息量决定他的深度，信息的条理化决定他的判断速度（在每次的比赛中对战术的调整往往都相对滞后）。

A 型思维的人，是系统思维，对信息的相关性、互动性、因果关系非常敏感，判断速度快且准确（每次换人都非常及时有效），善于在相对不确定的环境中做出有效决策。这种类型的人多半是有激情有抱负（追求连胜），统筹能力很强（带领的团队战斗能力强且士气高昂），灵活应变（根据场上的变化随时调整战术，指挥比赛，哪怕队员们根本听不到他在喊些什么）。

这两种思维模式的人，面对赛场博弈的时候，反应是不一样的。比赛场上情况瞬息万变，X 型思维模式的教练靠逻辑思维来判断局势，因为环境相对不确定和情况的快速变化导致其判断困难，使其决策速度相对滞后，所以埃里克松在这种环境中一般会采用保守的做法，保持不变或加强防止失败可能的动作。

A 型的思维模式为系统思维，在快速变化和相对不确定的环境中，他的判断速度和准确率就是优势，因为系统思维的人不需要严格的逻辑过程，只要极少数关键的信息就可以马上做出准确的判断，随即做出决策和行动，所以斯科拉里随时随势调整战术，最终获得胜利。

当然，在X型人与A型人的对决中，X型并不总是失败。聪明的X型人，他们事前都会做很多的信息收集和研究，做大量的准备工作，会结合先前的许多经验来调整，做出正确的决策，然后经过充分的论证、形成周密的计划去执行，只要执行过程中没出现重大的变数，他们就能运筹帷幄、决胜于千里之外，绝对也是个神奇人物。中国历史上最有名的X型人诸葛亮，料事如神，计划详尽周密，在与A型人曹操的对决中，草船借箭、火烧连营乃至逼得曹操败走华容道，一胜再胜。

对于X型和A型人，还有很多纬度可以分析。比如，面对失败的态度，当X型已经做了周密计划，但如果执行过程中出现了事先没有预料到的重大因素，因为调整速度相对滞后和保守导致失败时，他们往往会将失败的原因归于外部，比如埃里克松会说："我认为他们（队员）已经竭尽全力了。但我们在点球决战中付出了代价。点球可以走向任何一个方向，它与天才无关。"诸葛亮在曹操从华容道脱身之后，仰天长叹：天不灭曹。

思维决定行为，行为导致结果。关于世界杯，关于足球，关于人，关于团队，还有很多话题可以谈，比如为什么群星灿烂的巴西队会输给法国？也欢迎对此有兴趣的朋友留言探讨。

（德国世界杯记 2006.07.14）

注：这篇文章是网友翠羽黄衫在我的博客文章《围棋与足球》后的跟帖，我重起了一个名字，收录到本书中，以便更多的朋友和读者来欣赏和探讨。

韩国之鉴

韩国队的第一场比赛输了,他们极不情愿地输给了墨西哥队。

韩国队在亚洲是最多闯入世界杯决赛的队伍,但是他们在世界杯上居然一场未赢。这次车范根要进行零的突破,力争在墨西哥队身上全取三分。然而,韩国队的梦想破灭了,而且输得很惨,以1:3败北。

有人把韩国队的失败归结于裁判的红牌。不可否认,奥地利裁判班科的那张红牌使韩国队少了一人,一下子陷入攻不得、守不得的被动局面。正像诸多媒体说的那样,河锡舟在那样一个地点犯规而吃了牌,不是得不偿失的问题,而是毫无必要。有人为韩国队惋惜,说是领先之后痛失好局。其实,这话不准确。因为从当时场上的局面看,韩国队并不比墨西哥队好,而是处于被动,河锡舟任意球得手有很大的偶然性,是碰到后卫头上改变线路进入球网的。河锡舟进球前,韩国队基本挨打,河锡舟入球后韩国队仍然被迫防守。场上的形势说明韩国队并不具备取胜的条件,他们处于劣势。如果他们能取胜,只能归结于幸运之神,而不是他们的真正实力。可以说韩国队实际输得不冤,因为这是他们实力的反映。

我在韩墨之战的时候老是将韩国队比作中国队,设想中国队在当时的情况下会取得怎样的结果。因为中国足球现在基本上走的是韩国队的路子,这不仅是因为中国甲A队兴起一股韩国教头热,更重要的是中国队至今仍把韩国队视作亚洲的头号敌人,为了消除恐韩症，中国足球采取了以子之矛攻子之盾的方法，可以说正全面韩国化，但韩国队在世界杯上走过的历程值得我们深思。他们虽然在亚洲称雄多年，但一到世界杯上就丧失战斗力。

因此，我想为中国足球的韩国热泼一盆冷水，前车之辙，当可鉴之。韩国队虽然在亚洲有他们的优势，但这种优势是建立在体能、力量和拼劲的基础上，并不是建立在技术的基础上。因而当韩国队碰到那些体能、技术和拼劲都很足而技术又好的队伍时，他们就会一筹莫展，比如墨西哥队就让他们吃尽了苦头。反过来他们如果碰到那些技术差些但力量和身体都出色的纯英式打法的球队，也得不到半点好处。这也正是韩国队参加多届世界杯而未能赢球的根本原因所在。

由此我们可以重新思考一下中国足球的定位，至少，韩国队的路子走不得，韩国队在世界杯上多年的实绩再度说明，它是有严重缺陷的。中国队屡屡败给韩国队，不是韩国队的打法先进，而是中国队的足球观念过于陈旧。如果我们仍然以急功近利的态度来模仿韩国队，即使有朝一日打败了韩国队，在世界杯上也还会空手而归。相反，沙特队和日本队的经验倒值得借鉴，他们在与欧美强队对垒时虽然在身体上吃亏（这是没办法的事），但由于技术并不逊于对手，因而虽败犹荣。更何况沙特队上一届还有进入十六强的好成绩，日本队也在奥运会上击败过巴西队。中国足球要以此为镜，好好制订自己的发展战略，要不然，还会再度与世界杯无缘，再度成为局外人。

(法国世界杯记　1998.06.13)

世界杯是个俗物

没有哪一届世界杯比这一次更让人感到它的俗。

或许世界杯本来就是一个俗物。但至少以前在中国人的心目中，在我的心中，它不是一个俗物。我们对它最早的理解是和"冲出亚洲，走向世界"联系在一起的，这关系到一个民族的地位问题，我们感到世界杯的神圣性。但时到今日，中国足球仍没有冲出亚洲，而世界杯的商业化倒毫无遮拦地冲到了我们的生活之中。

由于中国足球老是冲不出去，我们慢慢明白世界杯并不是联合国安理会，能否在世界杯上有一席之位并不代表该国真正的国际地位。这一次俄罗斯未能出线并不会影响它在国际社会的发言权利，正如前几届世界杯上虽然没有美国人的身影但美国依然是世界的超级大国一样。中国人进不了世界杯，可在国际社会的政治地位并不会变弱。

后来，我曾把世界杯当作力与美的神话，理性与生命的结晶，当作阳刚之气的化身，但很快发现并不是那么回事。第15届世界杯马拉多纳的服药事件，哥伦比亚后卫遭枪击的事件，球队背后的黑色交易，甚至赌博集团的介入，都使得人类的第一运动蒙耻，它不再是纯洁和健康的象征。我曾为世界杯的变异而愤怒，而不解，但现在发现它原本也是世俗生活的一部分，并不是天堂的天使。

这一次真正感到世界杯的俗，是因为它身上的商业色彩，特别是中国式的商业化。美国人是真正的商人，什么东西经他的手马上就有了铜臭，原本赔本的奥运会在美国人手中成了赢利的好工具。世界杯也不例外,第15届世界杯经美国一办,立即成了摇钱树。如果说,上届世界杯的商业化尚停在主办者美国的话,这一次中国人可学得飞快。先是传媒借着世界杯大搞发行量、收视率,后是图书商搞畅销书,到后来连开饭店的老板、开酒吧的也跟着转向,电影院也改行经营足球。起初我还有些兴奋,为中国足球人口增加而开心,到后来我发现这些人(包括报社的一些记者)并不懂足球,这些人并不是真的热爱足球,而是热爱金钱。最为恶劣的是一家电视台在转播开幕式时居然胆大包天地将开幕式的主题歌演唱部分用广告覆盖了。球星恩杜尔与歌星阿克塞勒·雷德的演唱是开幕式的重要组成部分,也是组委会为观众精心准备的一道"佳肴",而有人为了赚钱剥夺了中国球迷视听的权利。我为我心中的纯情渐少的世界杯而伤心地哭泣,虽然以前的美好或许只是一种幻觉,但毕竟在心中存在过。但现在被商业化这个恶俗之物污染了,侵蚀了。

可仔细想想,我也加入了这场俗化的过程,比如给报社写些球评什么的,到电视台侃侃足球文化什么的,还拉一支足球队凑热闹。我突然感到脸红。我有些怕谈足球。

(法国世界杯记 1998.06.14)

一决雌雄盼英法

足球的魅力就在于它的不可知性，在于它的多种可能性，在法国世界杯上谁也不会料到上一届打入16强的沙特阿拉伯队会以0∶4的差距败在法国人脚下，也没有人料到被贝利看好能夺冠的西班牙队首轮会输给非洲新军尼日利亚队。虽然所有的预测常常大跌眼镜，但预测成了看足球的一个重要组成部分，连目前智商最高的电脑"深蓝"也加入了预测，可见预测是何等的迷人。

本想预测一下本届的世界冠军，也就是说谁最后能捧走大力神杯，但这是一件非常艰难的事，具备夺冠能力的球队大约有10支之多，赛前连被欧美诸强视为鱼腩的韩国队也狂呼要进入四强，可见想得冠军的人不在少数。简单地押宝式的蒙也就没有多少意思，但我们可以表达自己的愿望，你希望哪支球队获胜。

我个人希望英格兰队和法国队在决赛相遇。一是英法两队已经具备了夺杯的实力。这两个队拿了冠军不会成为冷门，无论是齐达内还是德约卡夫，无论是希勒还是谢林汉姆，他们都具备了超一流的实力。由他们来决冠亚军不会是冷门。二是惯例。历来的世界杯都是夹竹桃，在美洲大地决不会让欧洲队染指冠军，在欧洲大陆上也没有哪支南美队能够称雄，虽然这一次巴西队一心卫冕，但没有天时地利人和，且套路也旧，难。而意大利和德国这两支老牌劲旅虽然亦有夺魁之心，但德舰老化，意艇中场发动机不灵，荷兰等诸强亦难成气候。英法两队在各线上都有领军人物，缺点最少。三是补偿需要。因为两年前的欧洲锦标赛上，当时踢得最好看也最具冠军实力的便是由维纳布尔斯和雅凯带领的英法两队，只是捷克这匹黑马横空出世，打乱了当时的格局，让德国人讨了便宜。按照风水轮流转的原则，该英法两队露一露脸了。四是个人感情因素。我对法国文学素有偏好，对法国球队也是情有独钟，自然希望法国队为法国文化再添一笔异样的辉煌。对英国队的好感，则是一种移情，因为现任中国国家队和国奥队的主教练霍顿便是英国人。英国人的胜利至少能让中国足球能沾点"仙气"，假如英国人拿了世界冠军，孙正平和韩乔生们在解说介绍霍顿时，可以说他是世界冠军队主教练霍德尔的老乡，而现在人们说起霍顿时总有一种师出无门的感觉。

假如英法在7月12日的夺冠战中一决雌雄，冠军极有可能是东道主。

(法国世界杯记　1998.06.26)

欢呼足坛新生代

当我看到老态龙钟的德国队被克罗地亚队打了个3∶0时，当我看到哥伦比亚淘汰出局时，我是有一些幸灾乐祸的心理。虽然老了的马特乌斯和老了的金毛狮王巴尔德拉马仍有上佳的表演，但他们毕竟不是踢球的年龄了。世界杯的生命在于年轻队员的涌现，足球的魅力也在于弱队打败强队，小的打败大的。

法国世界杯可以说是一个老化严重的世界杯。诸强队几乎原封不动地将上一届的老球星们悉数保留，克林斯曼和巴乔最后一刻入选国家队说明这一届世界杯"敬老"之风是何等之盛，而德国队平均年龄高达30岁之多，且摇摇晃晃地进入了八强。若不是克罗地亚队的及时出手，制止这支过了时的老坦克混入四强，人们会以为这不是世界杯而是元老杯。幸亏以欧文为代表的新生代球星横空出世，他们以顽强的斗志和精湛的球技一扫笼罩足坛已久的暮气，破坏了老队员们习惯了的慢节奏，向世界庄严宣告一个旧的时代过去了，一个新的时代正在到来。

新生代的球员们的表现着实让人刮目相看，尽管没能进入八强，但由1996年奥运会选手组成的尼日利亚队以排山倒海之势将老牌劲旅西班牙轰出了十六强，由年轻队员组成的英格兰中场让老化严重的哥伦比亚队束手无策，上届冠军巴西队靠新人王罗纳尔多的领衔，才闯进了决赛。欧文、克鲁伊维特、德尼尔森、亨利、特雷泽盖等20岁出头的小伙子和罗纳尔多一起构成了一个新的足球势力。他们的崛起宣告马特乌斯们的出局。这批年轻队员所在的球队不论今后的命运如何,都将成为世界足坛的一道耀眼的风景线。

　　足球是青春活力的完美体现,新人的不断出现,推动了足球的发展,使之不会停滞和退化,在这种意义上,我要为新生代叫好,为那些新星欢呼。

　　看世界杯老是忘不了中国足球,看着比中国健力宝足球队员还要小的欧文们在各队的英姿,不知道中国足球的决策层们是否在汗颜,他们还在以年轻缺少经验来阻碍健力宝队员挑大梁,却忘了中国的一句老话:自古英雄出少年。

(法国世界杯记　1998)

一人独享世界杯

开场白

"看客",在鲁迅笔下是一个被鞭挞的对象。在革命洪流滚滚的年代里,做看客固然不如做英雄荣耀,但总比扮演反面角色光彩。我的职业是从事文学出版和文学研究,是一个看者而不是表演者。我喜欢以这样的身份介入生活。谈论体育,纯粹是纸上谈兵,虽然会下点围棋、打点球,但都是业余的业余。但我喜欢看,且以客的身份而不是专业的行家的身份看,可以看得自由些,记得轻松些。正逢世界杯这样盛大的节日,先从足球看起。

已是深夜,我在静候世界杯这位四年一遇的"情人"。将世界杯比做情人实在是太一般化了,可当我用"静候"一词来对待她时,我有了一种独享的精神愉悦与情感"霸权"。

往昔观赏世界杯喜欢呼朋唤友聚在一起,像开会似的热闹,在神侃的过程中往往贬低对方高扬自己的情绪和观点,把自己钟爱的球队和球星强行推销给对方,电视屏幕上球队纠缠在一起,而我们这些观者因持不同的观点也纠缠得舌燥口干。有一次一哥儿们竟对另一哥儿们挥拳相向,虽然"作案"未遂,但多少伤了和气,伤了感情,也伤了我们相互抱成一团集体看球的美好"协议"。这场比赛是1991年奥运会亚洲区的预选赛,徐根宝率领的国奥队未能防范西亚舰队的"合谋"铩羽而归。我的两位小哥儿们都渴望国奥队冲出亚洲,只是一位焦虑过度、求胜心切以致心理变态,处处"臭"国奥队;另一位则是誓死捍卫中国足球队,如若国奥队顺利进军巴塞罗那,两位"球敌"便会放弃"政见",拥抱共庆狂欢之夜。然而,国奥队最终输了,两人的怒气便加倍燃烧起来,所有的仇恨都要在对方身上得到宣泄,便上演了一场"煮豆燃萁"的悲喜剧场景。

这之后,我们很少大规模地集体聚会看球了。看球似乎也变得愈趋向于个人化了。这要感谢电视机的普及,使我们每个人都能拥有一个独立的"阅读空间"。像现在,我一个人独自享受西班牙队与葡萄牙队的比赛,内心便有一种难以言说的自由和幸福。

像阅读一本趣味盎然的好书;像重逢一位阔别多年的好友;像寻找一首相通心灵的乐曲。

这种独特的愉悦难以与人分享,它是我个人的自由空间,我可以狂怒,也可以疯乐,我可以独语,亦可以与世界杯对话。我的欢乐与别人的痛苦无关,我的欢乐与别人的欢乐也没有多少本质的联系。足球是我心灵的伴侣,是我深夜阅读和写作的同行者。

为了独自吞食这份美丽的动人的"夜餐",我甚至将窗帘拉上,不让那些同样明亮的窗户来窥视我的审美行为,不让他们来分享我的精神美食。在这样美好的错觉中,我似乎拥有了整个世界杯,拥有了全人类的足球场景,甚至世界也被浓缩到我小小的房间里。这种妙处只有在梦境里才能体味到。

世界杯于我,是一个节日,是一种诱惑,是一次精神美餐。我独享世界杯。

(美国世界杯记　1994.06.18)

白马与黑马

第 15 届世界杯足球赛落幕已有两个多月，可它留下的一些耐人寻味的内容并没有因此从烽火连天的绿茵场上消失，反而在人们的脑海里盘旋。我虽然写过一些文章对这届杯赛作过议论，也故作圣贤般地预料到一些想到的和想不到的结果与事件。可我发现这届世界杯可供人们挖掘的内容实在是太丰富了，它在混乱中呈现秩序，它在感觉中暗含哲理，它实在是一个资源充足的"文本"。

我这里想谈一谈黑马的问题。

不知什么原因，也不知出于什么样的心理，每次世界性体育运动大赛尤其是世界杯足球赛，人们总是冀望在比赛中出现"黑马"，似乎有了"黑马"，世界大赛才成为真正的大赛；似乎有了"黑马"，比赛才更加激烈，才更加刺激，才更加激动人心。

有时候我真想为黑马唱一支赞歌，黑马身上体现出的叛逆精神往往会颠覆人们预设好的价值秩序和比赛结果，它甚至会改变整个大赛的中心思想和组织程序，它严重威胁着比赛的票房率，也使得博彩公司的生意火爆如荼。黑马往往以丑小鸭的身份完成了白天鹅的使命，去获取白天鹅的地位和荣誉，它是被压迫民族和被压迫阶级翻身得解放的一种象征，黑马是弱者的知音和代言人，第 15 届世界杯上保加利亚队和罗马尼亚队的英勇崛起，便是第三世界向第一世界挑战的标志。足球本是纯粹的体育运动，并不含有意识形态的内容，可由于足球是人踢的，球队又往往是国家和民族的某种"代表"，终难以逃避民族精神和国家利益这些非体育因素的"渗透"。尤其是世界格局进入"后冷战"时代之后，各国间的力量角逐转入了经济和文化这些看不见的战线，体育比赛的可见性与具象化便升华为一种美丽可爱的"战争"。而这种"大战"中杀出的"黑马"，其意义并不小于某次跨国军事行动的胜利。黑马受到人们的关注和青睐也就更可理解了。

此外，人们渴望黑马的突然出现，还有一种对强者、霸者潜在的征服心理的移情。渴望成为强者、希图作为王者几乎是人的一种天性，至少是人参加体育运动的内心需要。但强中自有强中手，王中自有王中王，冠军只能有一个，更多的球队和球员都是护花的"绿叶"。在这样的时候，人们会把同情和掌声送给弱者，希望那些默默无闻的球队和球员掀倒那些霸气十足的强人，黑马一般也就应运而生。

可人们也有讨厌黑马的时候，讨厌黑马的侥幸，讨厌黑马让两强过早相遇从而影响比赛的精彩，有时候还会对黑马恨铁不成钢，懊悔自己感情投资投错了方向，这就看黑马来得是不是时候了，人们喜欢改变秩序又害怕秩序真的改变，这就是人们对黑马的微妙心理。

想做黑马与做了黑马都是一件累人的事情。这次世界杯的锣声尚未敲响，人们便把黑马的桂冠赐给了哥伦比亚队，哥伦比亚队也因此背上了一个沉重的包袱，这个包袱至少与卫冕的德国队的负担一样沉重，结果哥伦比亚队过早地被淘汰出局，还留下一串可怕的悲剧。保加利亚事前并没有想成为一匹黑马，可它击败德国队之后成为名副其实最黑的黑马。到后来却被瑞典打得落花流水、溃不成军，显然是与做了黑马有关，要是保加利亚队未成黑马之前说不定会将瑞典队斩于马下,至少也不会输得那么惨。当然,这与对方对它的态度也有关系,你未"黑"之前是在暗处,对方对你的"暗箭"难防,而你一旦"黑"了,你的"暗箭"便成了"明枪",人家比较容易躲挡了。历届世界杯,总有黑马跃出,但黑马夺冠者却绝无仅有,他们往往在夺冠的关键时刻"马失前蹄"。黑马的本质并不是喜剧性的。

与黑马相对的是白马。白马不像黑马,不是一个舶来词。它是中国古籍里早已存在的概念,公孙龙的"白马非马"是一个迷人的命题。我这里只是信手拈来借用一下以与"黑马"相对,并不是公孙氏原概念上的涵义,这里的"白马"是指那些实力强、名声大、气势大的老牌劲旅,比如这次世界杯赛上的巴西队、德国队、意大利队、阿根廷队,它们都会是夺冠的大热门。由于他们处在明处,而且往往是黑马暗暗瞄准、突然袭击的对象,黑马们只有击倒这些白马们才能"黑"起来,所以白马们的日子也未见得就好过。因为白马的目标不像黑马那样只需一场两场高水平的发挥就可以完成使命,白马必须兢兢业业地踢到最后,或为白马王子——夺魁。可白马最容易栽在那些黑马手里。此次大赛中德国队、阿根廷队之所以与决赛无缘,便因为有黑马断送了他们的前程。

白马需要的是平常心,不可为了艺术而艺术,也不可恃才欺人、目中无人。近几届巴西队都是迷人的白马,可成为王子则是这一届。因为他们不仅为了艺术而艺术,更重要的是他们把自己视作黑马,耐心地寻找夺冠机会。

(美国世界杯记　1994)

戏说犯规

第 15 届世界杯上,"德国战舰"在前四名"搁浅"。原因固然很多,但其中有一条被众人议论最多的也似乎已成定论的便是:马特乌斯不应该打自由人。而马特乌斯表现欠佳的主要"证据"是因为"马特乌斯是德国队所有后卫中唯一没有犯规记录的球员,这在 24 强中也是绝无仅有的,这一方面体现了马特乌斯的技术、意识水平,但也说明了马特乌斯在德国防线最危急时,没能发挥出他的应有作用"。

这位体育评论人的话颇有乖戾之处,一个球员特别是一个后卫队员能在激烈超常的世界大赛中以良好的技战术水平和高尚的体育道德保持自己的儒雅风范——不犯规,这是很不容易做到的,理应受到称赞和嘉奖,没想到反而受到了指责。不过仔细想想也有道理,因为在足球运动中犯规已成为重要组成部分。犯规会使比赛更加精彩,更加充满激动人心的悬念,犯规也使足球场上的变幻风云莫测,犯规有时候会加快比赛的节奏。犯规甚至让裁判有了存在的必要,让裁判树立了存在的权威。试想一下,一场球赛,如果没有一次犯规,如果没有裁判刺耳的哨声,那裁判就成了一个多余的木偶。足球的裁判为什么会如此引人注目,无疑与足球比赛中的犯规频繁有关,更主要是裁判员在监视他人犯规的同时自己也屡屡犯规。这届世界杯赛上,因犯规而被请回家的裁判超过参判的半数以上。如果少了裁判的失误、球员的犯规,世界杯的魅力就会褪色一半。

这是从欣赏者的角度来看"犯规"的。对队员而言,每个队员都必须懂得如何犯规，也必须懂得如何对待犯规。这就像要懂得进攻也要懂得防守一样。不会犯规的球员肯定不能正确对待犯规。犯规，从最原初的意义上看是一种战术需要，在防守时，它可以延缓对方进攻的时间，可以减轻对方进攻的威胁，削弱对方进攻的质量；在进攻时，它可以加强进攻的质量，增添射门的可能性。在关键的时候，犯规会成为契机，会是一把"芝麻开门"的金钥匙，还可以挽狂澜于既倒，在千钧一发之际改变整个球队的命运，从而改变整个"世界"的格局。这一次世界杯上，意大利队守门员的一张红牌，换来意大利队的亚军席位。刚开场就领一张黄牌在身，整场比赛势必会缩手缩脚，影响水平的发挥。畏惧犯规虽然保住"清白之身"，虽然可以打满所有场次的比赛，却给对手以偷袭机会，也是一种失职。犯规的空间更加玄妙，禁区前沿与禁区内只有一线之隔，有时候只能靠感觉去感觉它，运动中的人和球是不能以物理速度去测算的，犯规地点的选择也只能凭借一种意念和一种惯性——经验、心理多方面能力的综合。犯规有时候只是潜意识的本能反应，它没有多少的逻辑性和必然性。马拉多纳的上帝之手，并不是逻辑化的选择甚至也不是侥幸心理在起作用，而是一种进攻的强烈的求胜心理导致的意识行为。要不是这张可爱的红牌，意大利队的命运可能比阿根廷队还要尴尬。而马拉多纳的上帝之手，则成为成功犯规的经典之作。这只飞来之手完成了一个民族的幻想，也粉碎另一个国度千万人的美梦。我们由衷地感叹那可爱又可恨的犯规。

犯规，可以说是足球"宪法"赋予给每个球员的合法权利。对一个球队而言，每个球员都有犯规的"义务"。但犯规并不是足球运动的主体，它只能是一种补充，一种调剂。它是太阳里的黑子，有了它，可以加速太阳内部核能的裂变，如果黑子的比例超过了一定的数量，那人类便会堕入黑暗之中。犯规过多的比赛会与没有犯规的比赛一样平淡无奇。球员选择什么样的时间和空间"犯规"可是一门大学问。这并不是替马拉多纳辩护，在那样气势如虹战必取胜的情况下，马拉多纳也许只是做了一个天才球员必须做的事情——手幻化为他的头颅或脚，只有在这样迷狂之中才能"急中生智"。这种"智"本是愚蠢的行为，是一种明火执仗的犯规，可在更愚蠢的裁判愚蠢的目光之中，这样的蠢举居然被"误读"了，从而为阿根廷队的凯旋奏响了前奏。可见球员的犯规并不可怕，可怕的是裁判的犯规和"误读"，可恨的也是裁判的犯规。他一个人便会亵渎全世界亿万双眼睛，亵渎所有的法规、秩序和历史。

　　这并不是鼓励队员去犯规。事实上犯规是一把双刃剑，既伤别人也伤自己，在更多的时候是伤害自己。犯规的代价有时候是非常沉重不堪回首的。同样是马拉多纳，他的上帝之手让阿根廷人辉煌无比，但这届大赛上的违禁服药又让一支生气勃勃的阿根廷队"魂断蓝桥"——成为名不见经传弱旅的鱼腩。马拉多纳在看台掩面流泪。阿根廷队在流泪，为马拉多纳的"犯规"流泪。马拉多纳的犯规一度成就了阿根廷队，但这位巨星的犯规同样葬送了阿根廷队夺魁的良机。命运总是公平的。成也老马，败也老马，胜亦犯规，败亦犯规。

　　这就让我想起了人们对马特乌斯的指责，因为他没有犯规，没有充分利用足球规则的空间，没有充分利用足球规则的可能性，他反而犯了规。而马拉多纳则视有规若无规，在球场上可以心中无规，但球场外则必须心中有规。套一句禅宗的句式：犯规不犯规，不犯规犯规，禅在犯与不犯之间。

（美国世界杯记　1994）

第二辑 岁月与人

　　作家中有谁是超级球迷？国际足联影响力为何堪比联合国？足球如何"拯救"人类？小足球何以影响全球政治经济……体育是个筐，按需往里装——于是就有体育杂评，五花八门，一家之言。

　　体育也不是个筐，它只是体育。

作家眼中的甲A甲B

作家这些平常被人们戏称为"爬格子动物"的人们,如今大都在电脑的荧屏上"爬"了,看上去他们大都文文静静,与足球没有太多的关系,其实他们当中有不少是够格的足球迷。笔者最近抽空采访了他们当中的一部分球迷,请他们对中国足球和甲A甲B发表看法。虽然他们看问题的角度是非专业性的,但出发点仍是为了中国足球更好地与世界对话。

一、为什么爱看足球

史铁生:这个问题没有仔细想过,没有哪个球迷想好了为什么看球才去看足球。足球的魅力在于变化无穷,有极大的偶然性,这和人的命运极为相似。没有哪个人能够按照算好的命去活着,因为人的命是算不清楚的,如果算得清楚,那人就活得太乏味了。足球比赛就是这样,也是算不清楚的。甲级队与丙级队比赛,实力悬殊应该是很大的,一般的球赛不可能出现丙级队赢得的情况,可在足球比赛当中,甲级队就会输给丙级队。这种变化无常的偶然性,就是人生命运的象征。

刘震云:看足球是因为没有其他比足球更好的电视节目。好的球员身上有一种魅力,就像好的音乐家、指挥家、政治家一样容易产生美感,输赢已变得次要,重要的是他身上的魅力。另外足球还是一项集体运动,几个朋友在一起做事,配合出气势,那会心的微笑是最动人的。

赵本夫： 足球的涵义非常深刻也非常广泛，可以把足球比作一部好看的通俗小说，这中间有政治、经济、文化，有智慧、阴谋和黑幕，有故事、情节、人物，有各种风格的球队、教练、球员，就形成了各种各样的冲突。奥运会足球亚洲分区赛的时候，我就希望伊拉克能够出线，到美国的国土上去打一场比赛，这部通俗小说就更好看了。另外足球当中的疑案、遗憾、悬念都是通俗小说的基本材料。

苏　童： 看球是为了看到刹那间出现的奇迹，足球的终极的目标是进球，进球的过程非常微妙，看进球的过程就像看工序似的，非常有意思。在看进球的过程中始终伴随着希望与失望的过程，不断的希望，不断的失望，人永远处于悬念之中。

叶兆言： 我眼睛不太好，看足球很累，因为悬念贯串始终，我还是很喜欢看。

王　干： 足球是塑造城市英雄的最佳手段，我们这个时代是一个没有古典英雄的时代，足球运动可以满足我们的英雄梦，美好的绿茵场是诞生新世纪英雄的地平线。

成正和： 除了写作以外，最吸引我的是足球，我的激情在创作中与看足球比赛时一样高涨，我觉得看球与创作一样能得到精神满足，有好的比赛能够丢下写作的事。

陈　村： 我平常的生活很少动，很少运动，看到别人运动就像做梦一样，仿佛自己也在运动一样。因为我们的生活离足球比赛太远，生活用的心智太多，而足球靠体力靠奔跑靠速度，人可以像动物一样做各种各样的优美动作，是对现实生活的一种补充。

王周生： 我看足球是受儿子影响，现在儿子上大学了，我一个人仍然去看球。还有一个原因我婆婆和谢晖的奶奶是好朋友。

婆婆问我你知道谢晖吗，我说知道，可婆婆看了半天电视还是没认出谢晖，她说都长得差不多。后来我又碰到过一次徐根宝，我对足球的兴趣就慢慢大了。我觉得一场足球像一部作家也不知道结尾的小说，每个人都不知道结尾怎么样，所以特别吸引人。这部小说不是通俗小说，而是纯文学。足球里面有精神理想，有一种绝对精神。

池　莉：我觉得足球有很强的审美性，对抗性强，竞争性激烈，节奏感分明，好的球赛体操、音乐都包含其中，人就进入忘我的境界。

迟子建：因为生活枯燥，没有比足球更精彩的事让我去做，球还会让人兴奋产生激情。

二、我喜爱的球队

史铁生：国内的甲A比赛不是每场都看，很难说喜欢哪支队。

刘震云：国内的一支也不喜欢，我喜欢意大利AC米兰队。

赵本夫：我喜爱山东队，山东队有一种拼搏精神，谁也不怕，国安队好几年主场未败，最近败给了山东队，说明山东队的斗志很顽强。四川队也不错，特别是四川球迷为四川足球增添了很多的色彩。

苏　童：我现在喜欢是上海申花队，上海队有激情。全兴队有一阵很喜欢，但这个队水平发挥不稳。

叶兆言：申花队和全兴队，申花队是去年冠军，全兴队的球热闹。这两个队都充满了生气，打起来好看。喜欢申花队的原因还因为江苏的足球水平不高，看球感情要有个寄托的地方，上海离江苏近，喜欢申花很自然是地方移情主义。实在找不到理由喜欢大连万达队。

王　干： 徐根宝执教的上海申花队。徐根宝是足坛的悲剧人物，这种悲剧是由他的性格决定的，正因为是悲剧，所以才有一股动人的魅力和感人的力量。今年三月，我曾到昆明海埂看过申花队的训练，看了徐根宝在场上的喊叫，顿生伤感之意，这么一个古典英雄落到现代竞技场上，除了悲剧还是悲剧，我们便是这出悲剧的忠实观众。

成正和： 我比较欣赏广州太阳神的打法，有灵气，有技术，但这个队的水平不稳定，时好时坏，我没找出原因，可能是中国足球球员的一个共性。申花队的精神面貌比太阳神好，但徐根宝性格太外向了。

陈　村： 因为是上海人，看得最多是申花队，周围的朋友也在看申花，交流起来也方便，也是蛮喜欢申花队，申花队踢得热闹，也比较拼命，还是可看看的。

王周生： 我喜欢申花队，申花队与徐根宝这个人的关系很大，徐根宝是有一个故事情节的人物，他能够吸引观众。

池　莉： 不怎么看国内的比赛，说不上。国内的比赛，只看女足。

迟子建： 没有特别喜欢的球队，这两年状态比较稳一些是济南泰山将军队。

三、我喜爱的球星

史铁生： 高洪波。一个人喜欢另一个人也没有太多的道理，我喜欢他不一定是他踢得最好，只是觉得他有太多的遗憾，在他最辉煌的时候没有能够为国家队建功立业，高洪波好几次都进不了国家队，尽管坎坎坷坷的，高洪波仍然踢得兢兢业业，球技和品行都让人满意。

刘震云：国内的没有，我觉得我们的球员缺乏勤奋精神，主观努力不够，文化修养有待提高，西方的球星有个人魅力，中国的球员没有个人的魅力。

赵本夫：我很喜欢范志毅，他有一股拼劲。范志毅在国家队里应该打前锋，他脾气暴，打后卫容易犯规。山东的宿茂臻也不错，但缺少范志毅的狠劲。

苏　童：我喜欢宿茂臻，他踢球时全心全意地投入，他的动作简练，没有拖泥带水的感觉，也不花里胡哨地摆谱，他上一场踢进国安队那个球是长途奔袭成功的，有点炉火纯青的味道。

叶兆言：范志毅是那种有球就能进的主儿，中国足球太需要这样的前锋了。范志毅在场上永远是一副拍马赶到的架势，蛮可爱的。

王　干：我自己常把自己比作范志毅，要是我在场上踢球肯定也是这么一个拼命三郎，范志毅是我英雄梦幻的化身，他永远在球场上寻找某种可能性，我想的是在文学的领域我们也应该不断寻找新的可能性，不要固守一方等待他人的失误来显示自己的高明。

成正和：我喜欢宿茂臻，他的灵气不如胡志军，力量不如范志毅，身高不如小王涛，可他兢兢业业，勤能补拙，进步快。而一些球员身体条件好，起点也高，就是停滞不前，反而倒退，缺少宿茂臻永不服输、不断进取的精神。宿茂臻是中国足球的希望。

陈　村：范志毅不错，能前能后，能攻能守，有点大将风度，是一个热爱足球的人，每一场都踢得很投入，也不失球星本性，有时流露出真性情，这很好。如果范志毅没有这些脾气，就像一个文人了。

王周生：范志毅。他这个人能吃苦，少年时有一次受伤，球队要到大连比赛，他不能去。父亲说这点伤就不行啊，他坚持去了，回来后伤口感染了，怀疑是骨癌，医生为他剔骨，他咬着父亲的肩膀一声不吭。现在也越来越有大将风度了，申花队和韩国一和天马的比赛结束后，他主动和裁判员和韩国队员握手，显示了应有的修养。

池　莉：没有看就说不上喜欢谁了。

迟子建：中国没有大球星，范志毅在国内看还行。

四、中国足球最需要解决的问题

史铁生：中国踢球的人少，机会少，场地少，资金少，不能指望出现马拉多纳这样的天才。关键在于足球观念问题，足球总是要有胜负的，中国人看重胜负，没有人研究怎么输的问题，比如这一次国奥队输给韩国是应该有心理准备的，人家也是玩命，也为国争光，而我们这边从教练到球员到球迷都期望奇迹出现，等输了，就有些不知所措了。如果事先有输的准备，就会输得漂亮些。现在中国队运用的实是怕输的战术，把比赛看作一次赌博，就是观念有问题，要意识到输也并非就一定是不光彩的事件，我们的足球就会有进步了。

刘震云：历史太短，不是一下子就能解决的。任何一个项目都必须靠厚积薄发，只有必然性，没有偶然性，中国足球的基础太薄了。

赵本夫：教练问题。兵熊熊一个，将熊熊一窝，现在国家队的主教练戚务生缺乏临场不危的大将风度，人是一个好人，好人未必是好教练。在甲A里看不到满意的教练，我还欣赏施拉普纳，他走得太早。

苏　童：缺少整齐的阵容。有几个不错的队员，并不代表整体的水平就上去了，离世界水平还很远。

叶兆言：对中国足球没有次要问题，所有的问题都重要。

王　干：是徐根宝能不能再任国家队的教练问题，徐根宝或许并不能把中国队带到1998年法国世界杯，但他上演的肯定是悲剧。而戚务生也同样不能把中国队带入世界杯，但他是没有悲剧性的人物，他只能上演闹剧式的喜剧或喜剧性的闹剧。

成正和：一、教练水平亟待提高。足球和文学创作不同，文学创作是个人劳动，而足球是集体项目，好的教练就是一个大指挥家，好多世界强队都得力于有成就教练的调教，而中国教练要走出国门长见识。二、改变急功近利的心态。不要急于冲出亚洲，从后备力量抓起，中国足球会有扬眉吐气的时候，现在从亚洲侥幸出线了，到世界杯还是做"鱼腩"。

陈　村：中国足球没有历史，要靠积淀，要形成"文化"，中国足球首先需要球场，要有很多人踢球，不能只培养几个人去打天下。现在中国的球迷绝大多数没有踢过球，用看电影的方法看比赛，用评论演员的方法评论球员。

王周生：缺少心理承受力，有心理障碍。

池　莉：中国男足还没有领会足球精神，中国女足是优秀的，她们首先体会到足球精神，是对足球艺术的热爱。

迟子建：中国国家队没有一个成熟的主教练，缺乏卧薪尝胆的精神。

五、如何看待外援

史铁生：外援不可少。中国队员本来到国外的机会就少，现在有一些国外球员到中国来踢球可以增加球员的交流机会。

刘震云：有外援好一点，但目前的外援水平不高，话又说回头，罗伯特·巴乔来了也没法踢。

赵本夫：外援可以增加国内球员的竞争意识，中外球员同场竞技，增加交流。

苏　童：应该多引进外援。中国队员的素质本来就不高，不搞点竞争机制更不利于水平和素质的提高，中国球员和国外球员并肩作战可以学到一些东西。像上海申花队的佩雷斯传球的感觉就是不一样，高出中国球员一大截。现在限制外援没什么道理，我们要放正位置，中国足球的第一任务是学习，欧洲的俱乐部现在尚且放弃这一限制，中国没有必要限制。

叶兆言：有了外援球就好看，只要外援能按照规则踢球，多几个没什么不好。

成正和：提高中国足球水平，引进外援只是一个因素，但宁缺毋滥，不要找低水平的外援来倒中国人的胃口。不要担心外援埋没中国的人才，这么多年了，中国没有外援，也没见到过什么了不得的人才，外援某种程度还会刺激中国球员，说不定刺激出几个人才来。

陈　村：各队找外援无可厚非，洋人为中国人效劳也是一道不错的风景，有黑人，有白人，至少色彩比过去丰富了。

王周生：我从感情上不接受，看到高佳守门守得好，又很高兴，但老觉得他不是自己人，这些外援踢得再好还是外国人，潜意识里还是希望全由中国人自己来踢。

池　莉：说不上。

迟子建：不喜欢外援，外援对提高中国足球的水平促进不大，外援增多会让中国足球场变成殖民地的。目前引进外援可能还是从商业性来考虑的，不能指望这样一些垃圾球员来提高中国足球的水平。

六、对甲B的印象

史铁生：没有看过。

刘震云：不看。

赵本夫：我想谈一谈江苏加佳队。江苏整个足球的氛围不浓，领导、群众对足球都不是很狂热，可能与文化氛围有关，江苏的男人普遍比较婉约，野性不够。江苏加佳水平不高，主要还是与教练有关，上海人是全国出名的娘娘腔，可在徐根宝的带动下踢出很豪放的抢逼围。如果江苏的教练调教得好，在甲A站住脚跟也没问题。现在这种样子，江苏加佳即使保组成功也没有什么意思，水平太一般化了。

苏　童：甲B比甲A又差多了，除了青岛海牛还可以看看外，其他的队都不想看。江苏加佳的水平不高，保级没有希望，也不应该让这么水平一个队保组成功。

叶兆言：最让人沮丧的是我们江苏的加佳队，这么一个经济大省不能出一个像样的球队真是奇怪。现在加佳降组也没有什么可惜的，足球还是靠实力，不靠奇迹，水平相近的情况下才靠运气。

王　干：甲B还是叫乙级联赛比较好，现在我们可以看到意甲、德甲、英超的比赛，再看中国的这些也叫"甲"的低水平比赛，实在是觉得这"甲"太水了，不由得要请王海来足坛打假了，甲B的出现，说明足坛决策人士的好大喜功和浮躁。甲级队不是扩军的问题，而是要裁军，裁到16支，不分甲A甲B。江苏加佳踢到这个份上，不能责怪球员，该负责任的人心里明白，加佳降组了，这些人应跪到五台山向江苏球迷和赞助的企业认罪。

成正和：甲A与甲B的差距很大，我对分甲A甲B有看法，就像作家分一级作家二级作家似的。作家主要靠作品说话，球队要有真实水平，现在有些队"冒充"甲级队，就像有些不写作品的一级作家一样。江苏加佳队与其这样混下去，还不如"死掉"从头来起，保级成功对江苏足球和中国足球没有什么好处。

陈 村：一不小心开电视看到甲B，几分钟就转过去了。我不能算忠实的球迷，主要看国外的球队比赛。现在写了一个电视剧是写足球的，叫《球迷情况》，已脱稿。

王周生：我不看甲B。

池 莉：我看好前卫寰岛队。

迟子建：去年一直看甲B，今年主要看辽宁航星队，因为我是东北人，很希望东北虎能够东山再起，现在我特别替苏永舜难过，他那么一个文质彬彬的儒将其实不应该当航星队的教练，真是秀才遇到兵。

(1996.10.31)

作家与足球的故事

几年前,我出差在火车上,和几位同行的聊起来。由于我的南方普通话咬得不够准,这几位朋友把"作协"听成了"足协",对我格外的亲切。我起初还挺高兴,等到他们向我打听这个球星那个球星的情况时,我才明白"足协"和"作协"串场了。

作家,是一群"爬格子动物",如今虽然其中的大多数已经到电脑显示屏上去爬了,但他们却始终与绿茵场结下了不解之缘,其中有不少铁杆球迷,他们关注足球,写球评,到场上踢球,甚至还组织足球队,与人们想象中的文弱书生相差甚远。1998年6月24日的《中华读书报》第10版在"作家神侃世界杯"的栏目下,采访了13位作家,其中徐坤、迟子建、陈村、苏童等明确表示6月10日到7月12日这一段时间放假过狂欢节,不写作,集中精力看球。我有机会接触到这样一些特别球迷,且将他们的趣事一一道来。

史铁生的梦想

体育运动中有很多的球类运动,足球的巨大魅力在于它是唯一用脚展开的球类运动。人类从猿到人的一个重要标志就是手脚分工,手脚分工的结果促进了人类文明的迅速发展,但手脚分工的另一个结果就是人的脚的功能的严重退化,特别是汽车工业的发展,脚的功能差不多被人遗忘了。而足球似乎是对这种集体无意识的唤醒,现代足球运动的发展与现代汽车工业的同步繁荣很能说明这个问题。

可对于一个高位瘫痪的人来说,足球运动是那样的残酷。

命运对史铁生就是这样的残酷,他热爱足球,但几年的下乡生活,让他的双腿失去正常的功能,他只有坐在轮椅上去从事写作,去度过他辉煌壮丽而不免有些寂寞的人生。铁生酷爱足球,他多次著文表示,假如他的双腿康复,他的第一件事是到足球场上去痛痛快快地踢一场球,然而,虽经多方努力,他的这一愿望终不能实现,而且他只能在电视机面前欣赏足球赛。而电视里的球赛,在铁生看来,"只见局部,此局部切换到彼局部看不出阵型,不知昌盛之外藏了什么腐败,或平淡的周围正积酿着怎样的激情,更要紧的是欣赏欲望被摄像师的趣味控制,形同囚徒,只可在20英寸的一方小窗中偷看风云变幻。"他非常想到现场去看一场足球赛,这似乎成了他的梦想。

梦想很快变成了现实。

1995年意大利足坛劲旅桑普多利亚队到北京与中国国家队进行一场比赛。在几个朋友的热情帮助下,史铁生坐着轮椅来到了工体。史铁生去之前非常担心工体的管理人员不让轮椅进,但这担心很快成了多余,守门人看到一帮朋友抬着史铁生,先是一愣,很快反应过来,二话没说,就让他进去,并主动为他开道,将他送到楼梯上。一群球迷看到坐着轮椅来看球的史铁生也非常激动,他们冲着史铁生鼓掌:"行啊哥儿们,有您这样儿的,咱中国足球非赢不可!"

这场球中国队果然赢了,而作家史铁生体会到的不仅是球迷的欢乐,还想到宗教、狂欢、苦难、民族精神这样哲学的问题,他沉思着。他的思想在绿茵场上空飞翔。

苏童爱穿 10 号

1998年春节苏童去意大利访问，最兴奋的一件事就是他看了一场意大利甲级联赛，而且看的是尤文图斯对亚特兰大的比赛。回到南京他逢人便说这场比赛，他说他看到了尤文图斯三剑客维埃里、因扎吉、齐达内矫健的身影。我们说我们也在中央电视台意甲直播节目里看到了这场比赛的实况。他说，那简直有天壤之别，你到过意甲的现场之后，才会体会到意甲是那样的激动人心。他说，他和王朔、余华、刘震云一起欣赏了这场精彩的比赛，当然也欣赏了意大利球迷精彩的表演。

苏童是一个老资格的球迷，德甲、意甲、中国甲A的比赛的直播场场不落，有时为了深夜看了一场球赛，还邀几个朋友到他家去一起等待。当然等待的方式是打牌，他管夜宵。弄得有一段时间，大家成了惯例，一有深夜比赛的球赛，就全到苏童家去集体看球，也不征求苏童的意见。1996年夏天，我和苏童出差到合肥，住在安徽饭店。他忽然想到安徽饭店这样星级的饭店可能没有中央五套节目，不能看到当时甲A大连万达和上海申花的双雄会。他有些埋怨，想住到外面的普通的招待所去看球，可后来发现饭店里的卫视中文台也转播这场球，才定下心来。有一次《花城》举办笔会，因为住的地方是高山的宾馆，收不到中央五台，苏童、叶兆言等作家球迷居然乘一辆中巴到山下几十里以外的小镇上去看球。由于苏童在文坛很火，很多电视台要来采访他，他一般都以各种理由推辞。有一次浙江卫视台"文化时空"要做节目，苏童闪烁其词，可等发现他是一个球迷时，就请他谈谈足球，他爽快地答应了，而且节目做得非常成功。

苏童说，他"看球是为了看到刹那间出现的奇迹，足球的终极目标是进球，进球的过程非常微妙，看进球的过程就像看工序似的，非常有意思。在看球的过程中始终伴随着希望与失望，不断的希望，不断的失望，人永远处于悬念之中"。我曾问过苏童，你喜欢中国的哪一个球员，他说他喜欢山东的宿茂臻，"他的动作简练，没有拖泥带水的感觉，也不花里胡哨地摆谱。"山东的球迷对苏童充满了好感，他们说苏童真懂球。不知道这些球迷有没有到书店去买《苏童文集》看，或许在球迷中又添了一些苏童迷。

和所有的球迷一样，苏童也是一个"喜新厌旧"的人。1994年世界杯的时候，他理了一个罗马里奥式的平头，刘震云和他开玩笑叫他"苏马里奥"。到了这届世界杯的时候，苏童又有新的偶像，这便是大名鼎鼎的罗纳尔多。最近我们江苏超世纪作家足球队成立的时候，苏童对我说，他有一个小小的要求，就是要求穿10号球衣，因为罗纳尔多意甲穿的是10号球衣。现在苏童如愿以偿地穿上了罗纳尔多爱穿的10号球衣，虽然他在场上的球技和罗纳尔多相差十万八千里，但作为文学上的少年才子，他与罗纳尔多是同样走运，同样受人喜爱的。

高洪波与高洪波

作家当中球迷实在是太多了。光是写球评的就有这许多人：老作家唐达成原来是中国作协的党组书记，可看起球来也像他工作非常认真；评论家雷达不仅自己爱看球，还写了很多的球评，其中《足球与人生感悟》被好多报刊转摘过；冯骥才原是打篮球出身，谈起足球来更是如数家珍，16届世界杯开赛不久，尼日利亚队打了一场好球，很多人对这支非洲劲旅寄予了过多的希望，可大冯却以《绿鹰能飞多远》为题给尼日利亚热泼冷水,时隔不久,尼队以1:4惨败于丹麦队脚下,人们不禁佩服大冯的高见;肖复兴、张宇、陈村、吴亮、格非、孙甘露、杨东明、余华、韩作荣、赵大年、苏叔阳、铁凝、从维熙、刘心武、池莉、流沙河、彭瑞高、沈善增、陈冲、刘震云、高建群、秦晋、蒋子龙、李功达、季红真、孙武臣、林为进、杨匡满、张平、徐城北等(江苏作家另说)都是球迷或准球迷,至于像王俊、金汕这样专事足球写作的足球作家就更不用说了。《北京青年报》的大仙(写球评时用本名王俊)本是后朦胧诗的代表诗人之一,可如今在京城的名头却是因为在《足球》报上的专栏广为人知的。金汕本是北京社科院的学者,因为热爱足球写了球评,一发而不可收,如今也是各地报刊抢手的作者。以足球为题材的小说有彭瑞高的《中锋在黎明前死去》;肖复兴、罗达成也都写过中国球足球队的长篇报告文学;洪峰那篇《一个球迷对中国足球的诉说》更见洪峰的功力。近年来成名的女作家徐坤有一篇《狗日的足球》的小说更是对近年来足球热文化心理的一个绝妙写照。著名作家王蒙早在1988年也写过中篇小说《球星奇遇记》,说的也是一个足球守门员偶然成为大球星的荒诞的故事。

  作家与足球的趣事实在太多,这里只想说一说作家高洪波与球星高洪波的故事。作家高洪波现任中国作协书记处书记,《诗刊》主编,他多才多艺,写作的范围极为广泛,起初是诗人,后来又成为儿童文学的优秀作家,之后又写作小说、散文,还在《文艺报》当过新闻部主任,可以说在每个领域都玩得挺欢的。可他的大名比起足球明星高洪波的知名度来还是略逊一筹,因为全国数以亿计的球迷肯定要超过高洪波的读者的。巧合的是,作家高洪波有一个弟弟叫高海涛,球星高洪波有一个哥哥也叫高海涛。后来经新闻界的朋友牵线,作家高洪波和球星高洪波相识了,1989年初夏,巴西明星队到北京访问比赛,高洪波专程送了两张球票给作家同名人,那天晚上高洪波与苏格拉底等巴西巨星同场竞技,高洪波请他的作家同名人前去助威。那天作家高洪波听着在场的观众叫着自己的名字,心里涌起了一种异样的感受。他甚至有一种冲上场踢球的冲动。

有趣的是,球星高洪波到他的同名作家家里做客时,告诉作家高洪波说,他自己非常喜欢写作,曾有一个心愿,就是退役后当一名新闻记者。他当时的女友就是在一家大学的新闻系就读。作家高洪波送了一本他的新书给他的球星朋友高洪波,在扉页上题名时遇到了麻烦,作家灵机一动,写道:"同名人留念,高洪波赠高洪波。"多年之后,这本书不知道现在存放在哪里,如果能找到的话,肯定是很有收藏价值的。

洪峰的诉说

在作家中,洪峰说得上是一个超级球迷。叶兆言说他是一个球疯子。

他说,"我认为我比威务生更了解亚洲足球,而且我相信我看的比赛比中国球员和教练都多,中国球员和教练的时间都花在比赛和训练上,我则有更多的机会通过电视看中国足球以外的比赛。"加之作家特有的悟性和敏锐,这使得他成为一个不同凡响的超级球迷。

多年前,我在鲁迅文学院曾看过洪峰踢球,他带着他的同学每天下午都在鲁院的篮球场上踢足球。他当时初为人父,将刚刚诞生的儿子取名为蒂尼，以表示他对大球星普拉蒂尼的仰慕之情。他在《小说选刊》的一篇创作谈中，也以《任意球》为题说到了小说与文学的关系。在洪峰的带动下，当时在鲁院读研究生的作家们加深了对足球的理解，一些从不接触足球的人也会侃侃足球了。洪峰在鲁院大有星星之火，可以燎原之势。假如当初让洪峰留在鲁迅文学院执教，我想这里可能会变成中国球迷学院，依洪峰的踢球水准显然出不了罗纳尔多式的球员，但一定能够出罗纳尔多式的世界级球迷，甚至能出一两个卡佩罗、里皮式的大牌教练来。

我说这样的话是有根据的。这源于洪峰的一本专著，这就是1988年世界杯大赛前遍布京城书摊的《一个球迷对中国足球的诉说》。在这本书里，洪峰将个人近20年的看球经历与中国足球的命运紧紧结合起来，诉说对足球的热爱，也诉说对中国足球的热爱。他对中国足球有着独特而深刻的见解，比如他对全国甲A各支俱乐部的描述，对全国各大教头的刻画，称得上入木三分。更重要的是他对中国现行的足球体制也有自己的看法，他认为"中国足球必须由一些真正充满改革热情的有才华之人去领导，必须由一群懂得现代足球规律的人去统帅，必须有一批充满改革热情把足球放在首位把球迷放在首位把自身荣辱置之度外的人构成核心"。洪峰还提出足协不仅仅是管理机构，更是研究院、情报站、联合企业……这些不只是微观的球评文字，还对中国足球的战略布局提出了富有建设性的意见。这显然不只是一个普通球迷能做到，这种雄才大略肯定能够培养出世界一流的足球官员和教练来。遗憾的是洪峰的这种纸上谈兵到头来还是纸上谈兵，"弦断有谁听"？

女作家球迷群

中国足球队的前主力队员左树声说过一句很有意思的话:"是男人就得踢球。"那些整天在爬格子的男作家们痴迷足球也就理所当然,可红颜们也不甘示弱。在中国作家当中,还活跃着一支女作家球迷群。1996年,中国作协在大连召开中青年作家座谈会,请作家们参观大连的风景和企业,没想到女作家们却要求见一见大连万达队的主教练迟尚斌,当时迟尚斌带领万达队刚刚创造了55场不败的神话。迟尚斌本想例行公事地见个面,没想到这几位女作家个个都是侃球能手,不仅称赞迟尚斌的教练有方,同时也对大连万达队的过于沉稳、缺乏激情提出了有效的建议。这让迟尚斌颇感意外,他没想到这些女作家会如此懂球,惊讶之余与她们切磋起来,原先安排的时间大大超过,迟指导还请这几位女作家吃了饭,一时传为文坛和足坛的佳话。

牵头造访迟尚斌的是女作家徐小斌。徐小斌在一篇《我爱足球》的文章里写道,"我爱足球,是因为它勇敢地在一个非英雄化的时代呼唤英雄。"她说:"60年代的雷锋在90年代依然被讴歌充分说明了英雄的匮乏;人们憧憬的英雄往往是由人们自己塑造出来的,塑造英雄成了90年代人类的一大心理需求。对于球星的迷恋取代了对于歌星和影星的迷恋,因为和平时期的人们更渴望看到刀光剑影枪林弹雨中杀出不怕死的英雄,当我们看到罗纳尔多连过数人狂献呼飙般杀入禁区突然施射命中的时候,任何一个血肉之躯都会兴奋刺激狂喜,在这个过程中,人们为见到真正的英雄而万众欢腾。"

迟子建在女作家中也是一位非常够格的球迷,有一个星期六下午我们通电话，她问我在干什么，我说我在看甲B（那一年中央电视台每周六转播甲B的一场实况），她扑哧一声笑了起来：你也"堕落"到看甲B啊？我说你也在看吧？她说原来我光以为我一个人"堕落"的，一直不敢说自己还看甲B，现在不怕了，原来还有与我一样"堕落"的人。看不看甲B，往往是衡量出一个球迷的级别。甲B的水平不高，但星期六下午的这一段时光往往不好处理，看甲B说明心中还惦念着足球。更何况甲B的很多问题比甲A更能够来透视中国足球的现状，对甲A甲B同时关注才是爱国球迷。

迟子建将自己喜欢的电视节目排了个顺序，1.体育节目，2.晚7点20分至30分的国际新闻（包括天气预报），3.动物世界，4.国际影院。在体育节目中她认为"最富魅力而又为我钟情的就是足球比赛了"。她曾用小孩盼过年的心情来形容四年一度的世界杯，当世界杯一过，好像年一过，怅然若失。第9届欧洲杯足球赛期间，她在老家塔河看球。她当时看得尽兴，大叫一声从沙发上跳起来。当时她只有两岁的外甥正安安静静地站在茶几前不厌其烦地玩火柴杆游戏，被迟子建这一跳吓得哇哇地哭起来。白色的火柴杆撒满了一地。迟子建的母亲抱起了外孙，一边指责女儿迟子建，一边为外孙招魂。

迟子建爱足球，喜欢看足球节目，更喜欢中央电视台黄健翔主持的足球节目，为此还闹出了一段有趣的插曲。洪峰有一篇文章谈到非常欣赏黄健翔的解说，迟子建就将这篇文章寄给了黄健翔。没想到一位记者在采访黄健翔时将迟子建寄的洪峰这篇文章误作女作家球迷迟子建也写信给黄健翔。后来黄健翔就托洪峰带信给迟子建，表示歉意，并说一定要向迟子建解释此事。后来武汉的《今日名流》要采访黄健翔，知道这一误会之后，就索性请迟子建去做这个专访。由于当时黄健翔正在上海转播全运会，迟子建的采访只能以电话的方式，而且基本上安排在午夜。迟子建写成了《黄健翔：午夜的清晨》一文，虽然两人并未见面，但迟子建还是非常准确地写出了黄健翔的精神气韵。

江苏作家足球队

前面说到很多作家与足球的不解之缘，这一部分单说江苏作家的"足球行为"。为什么说是"足球行为"呢？因为江苏有一支作家足球队。因为每个地方的作家都有球迷，都会看球或者写球评，痴迷一点会像徐小斌这样找迟尚斌"切磋"一下，再痴一点像洪峰这样以笔当脚驰骋在绿茵场上与那些教头和球员一决高低。但江苏作家有绝招，他们自己成立了一支名叫江苏超世纪的作家足球队。很多地方都有记者队，北京还有一支由演艺界人士组成的明星足球队，但一支清一色由作家组成的足球队在全国还绝无仅有。有人开玩笑说，这在世界上也不多见。北京的作家曾想拉一支足球队，后因为年轻"队员"太少未能成行。南京的作家有独特的优势，这就是他们有一个令人羡慕的青年作家群，而且都是热情的球迷，且脚下功夫不错，时常和南京的一些球队打比赛，成绩还不错，以至于江苏有线电视台还播放了他们的比赛录像。下面是他们的基本阵容：

领队：王干

主教练：潘强

苏童（前锋）10号——小说家

叶兆言（前锋）20号——小说家

毕飞宇（前锋）7号——小说家

赵刚（前锋）14号——小说家

朱朱（前卫）11号——诗人

王干（前卫）8号——评论家

朱文（前卫）4号——小说家

刘立杆（前卫）12号——诗人

韩东（前卫）15号——小说家

赵本夫（后卫）2号——江苏作协副主席，小说家

周桐淦（后卫）5号——《雨花》主编，评论家

成正和（后卫）3号——小说家

李小山（后卫）9号——评论家

楚尘（后卫）6号——小说家

祁智（守门员）1号——小说家

曹剑（后卫）18号——江苏有线电视台副台长，诗人

  江苏的这支作家足球队有专门的队服，由阿迪达斯南京专卖店赞助。江苏加佳俱乐部的总经理潘强，主动担纲作家队的主教练，他觉得这有助于全民健身运动，也有助于江苏足球迅速"热"起来。作家队的中场最为坚强，诗人朱朱是中场发动机，他踢球时的形象被江苏有线电视台的名主持人今波称为风之子卡吉尼亚，而朱文扎着一个辫子，更具有球星的风采。前锋苏童理了一个罗马尼奥的小平头，虽然球技不如"二罗"，但跑起来也还像那么回事。叶兆言看苏童挑走了10号球衣，就要了20号，他说今年意甲的最佳射手是20号比尔霍夫，言下之意就是我比10号还棒，但这位叶前锋在比赛时却屡屡充任右后卫的角色，而年过半百的老将

赵本夫则常常助攻到前面充任前锋的角色,这一错位常常令对手防不胜防。

如果想看到他们踢球的"英姿",每周六的下午在南京人民中学的草皮球场就可以看到他们矫健的身影。

这已经成为南京文化界的"一景"。

(中华读书报 1998.06.24)

海 埂

　　球迷们都知道昆明有一个海埂，海埂为昆明增添了很多的色彩和花絮。海埂已不是昆明的海埂，海埂是中国的海埂。海埂的知名度在上升，它与中国的足球热有关。足球热再度席卷华夏大地，比之80年代的足球热温度似乎要高也要持久。

　　我对海埂心仪已久，第一次到昆明的时候，是1995年的夏天。夏天的海埂是寂静的，陪我前去的老陈在这之前问我对昆明的哪处景点最感兴趣，我说海埂，他说你是个球迷。我说，算不上AA级的。他说很遗憾，海埂现在没有一支球队，可能连足球都看不到。我说那可能另有一番意趣。

　　汽车进入海埂基地之后，我们找了一个地方住了下来。我试图寻找那些球队的足迹，也想聆听球场的厮杀声，可除了蝉的叫鸣之外，海埂是那样的寂静，寂静得像一个放暑假的学校。我在几处绿茵地徘徊，幻想出现范志毅那些健儿的身影。滇池清凉的夏风吹过来，提醒我现在不是春训的季节，他们正在各地逐鹿足协杯。虽然没见到球员和比赛，可海埂给了我一个广阔的想象空间。

　　我第二次到海埂的时候，是去年的三月中旬，当时国奥队正在马来西亚参加奥运会亚洲区预赛的决赛。我参加的"联网四重奏"年会在西双版纳召开，在昆明有半天闲暇时间，我和中国青年出版社的李师东不约而同地想到去海埂看一看。让人感兴趣的是，国安队的领队杨群原是李的同事，我们的海埂之行便有了内线。我们到了海埂之后，进基地时，看门的大爷让我们买了一张门票，门票每张五角，可能是最便宜的门票了。奇怪的是门票是油印的，不是印刷品，但上面清清楚楚地盖着训练基地的公章。公章的严肃性和油印品的随意性颇不成比例。可今年看到的消息说，海埂基地大门派了警察站岗，还有狼狗值夜班，平常没有足协训练办的介绍信是进不去的。也就是说花多少钱也进不了那个大门，让人顿时想到那些保密单位。

我们两人找到了国安队的住地，但杨群刚回北京，我们访友的计划便告落空。就成了自由自在的游客，我们把每个球队的训练都扫视了一遍，最后在申花队的训练场地停了下来，看了徐根宝的一节（或是半节）训练课，觉得申花队是那天所有队里训练最认真也是水平最高的。回来的路上还看了女垒的训练，觉得那气势就是比男足强，而且特别投入。她们有一种奋发昂扬的精神，同时还有一股不容置疑的"霸气"。虽然她们在奥运会与美国队争夺冠军时因裁判的原因屈居次席，但她们的斗志和精神状态是让人称道和难忘的。离开海埂几天之后，我们在电视上便看到了国奥队失利的情景，中央五台黄健翔和他的同事们对这场失败诗意地解说和剪辑，更让我们的海埂之行成为一种伤心之旅。

事后，我对海埂作了小小的考证，海，在当地泛指湖泊，与我们常说的大海不一样，有点像北京的北海、什刹海，但北京的海是元朝留下来的叫法，不知昆明、大理对海的称谓也是元时的痕迹否，且待考。埂，就是大埂。这海埂原是文革期间农业学大寨围"海"造田的产物，也就是说它的出现本是对生态平衡的不尊重，可有谁会想到它会成为中国足球的一块风水宝地，球迷们心中的圣地，昆明的最受传媒关注的景点呢？这是个美丽的错误。

(1997.04)

无可奈何球远去

　　1997年10月31日大连金州没有下雨，戚务生也没有流泪。比赛结束后，在铺天盖地的"下课"声中，戚务生脸色滞重地走向了新闻发布会。看他如此难受，我居然有些同情他，下笔的时候不再忍心去挖苦、嘲笑他，不愿再给他雪上加霜。这么一个人本不是主教练的材料，把他放到这个危险的位置上去烤，是要折寿的。可以说他的能量就那么大，他已经尽责尽力了，要他变成卡佩罗、里波、维纳布尔斯和贝肯鲍尔式的名教头是不可能的，那等于要求鸡毛飞上天。

　　看到卡塔尔队以3∶1领先中国队的局面，我是有些生气，可很快就平息了。之后再看到科威特和伊朗踢平了，我就更加没脾气了，反而为西亚诸队在这次十强战中表现出的良好的足球精神而喝彩。不能因为自己球队的成绩差就不为其他球队的精彩表现鼓掌。

　　因看足球而成为球迷的，多半是看国球开始的。至今仍有很多的球迷看的仍是"爱国球"或"爱省球"。但看球往往从爱国开始到爱球结束，足球的迷人之处就在于它跨越了国界的界限，超越了种族的差异。国际足联在所有国际组织中，恐怕是最能做到令行禁止说一不二的组织，威信之大，远远超过联合国这样的政治机构。这是因为足球并不只是代表国家、民族利益这样具体的意识形态内容，它在这些内容之外还有它的本质，这就是我要说的足球精神。足球作为一个竞技体育项目，自有它的游戏性和审美性。足球的胜负与民族的强盛和衰弱是不能划等号的，巴西作为足球第一大国并不意味着它的国家的政治地位也是对等的，相反巴西作为第三世界国家在国际上的影响力远不如足球至今未冲出亚洲的中国。1996年欧洲杯上德英半决赛，英国一些激进的球迷甚至打出了"打倒纳粹"的标语，但德国足球队只是一支足球队，就像英国足球队只是一支足球队而已，德国队击倒了英国队并不意味着二战的历史被"颠覆"。足球就是足球，它是艺术，是游戏，是审美，千万不要将其与政治、民族这些巨大的事物联系到一起。

这让我想到在10月31日中卡比赛前，中国足协的领导带着国脚对国旗宣誓这一有趣的举动，当时队员高呼"下定决心，不怕牺牲，排除万难，争取胜利""不做懦夫、不当逃兵、不吃后悔药……为中国足球血战到底，坚决打败卡沙科"的场景肯定是感动人的。但过分地夸大足球的爱国主义效用弄不好反而会加大球员的心理负担。汪嘉伟带队员到天安门广场去看升国旗是他上任伊始，而不是到大赛前夕。到了大赛前夕对着国旗宣誓，有点事到临头抱佛脚的嫌疑。这么做其实是要担风险的，倘若赢了好说，是因为国旗照我去战斗，无往而不胜；倘若输了，怎么解释呢？是队员不爱国？还是宣誓加大队员的心理负担？现在的结果是中国队输了，而赛前许诺若胜给每个队员一万美金的卡塔尔队赢了。这是有点讽刺意味的。

发誓不管用，金钱也不管用。日本队在足球上的投入不比韩国少，还花高价买来了巴西球员，但他们还是只能望着韩国队单骑独奔法兰西，无可奈何球远去。

足球就是足球，什么对它都管用，什么对它又不管用。金钱对它管用又不管用，政治对它管用又不管用，科学对它管用又不管用。倘若有一天足球水平提高的"秘诀"特别是如何赢球的"秘诀"能像配方那样被人译破，足球也就会与其他项目无异，不再这么被人无条件地宠爱了。

(1997.10.31)

教练当自强

国奥队再次兵败默迪卡体育场,是新闻。主教练认了,队员也认了,足协常务副主席王俊生也认了,好像输是应该的,不输才是新闻似的。我不知道中国球怎么会整到这个份上,输得没脾气,输得没商量。既然如此,为什么还要去比赛呢?为什么足协还要制订一个进入前三的指标呢?或许有人说,此行旨在锻炼队伍。就凭国奥队与韩国队那惨不忍睹的寒碜模样,还敢言说锻炼队伍一词,恐是"厚言无词了"。

中国足球屡屡被关在亚洲的门槛内,原因很多,每次的原因也不一样。就像打关牌一样,有的是自身水平不高,牌不好,当被关;有的则是被"牌友"算计,最明显的是四年前徐根宝遭西亚的暗算而毫无戒备之心;有的则是用兵不当,指挥失策,此次国奥失利便是由于统帅部的错误造成的。与往届的国奥队水平相比,东西亚各队水平并无特别之处,沙特队输给日本队;平中国队韩国队,伊拉克平日本队之前1:4输给中国队,足以说明大家水平彼此彼此。可以说戚务生摸了一手不错的牌,打得好可以关人家的张,打不好就要别人家关。与施拉普纳大爷当年相比,"戚老爹"(队员对他的昵称)是幸运的,因为施大爷要面对的虎狼之师后来在美国世界杯上出尽了风头,当时的中国队未经职业联赛的检验,实力实在是"技不如人",施大爷"摸"了一手"臭牌"。

而戚务生不一样,他手中握的是一手刚刚在中国甲A联赛中出炉的新牌,有了与东亚西亚诸强抗衡的资本,运筹得当,出线当不是什么奇迹。

而戚务生始终低调处理，始终以弱者自居，这就在心理上气势上首先矮了人家三分；而在战略上也是以不变应万变，固守防守反击一种战术。实事求是地讲，这种战术为戚务生争取了不少荣誉，无论是1994年的亚运会，还是对1995年欧美诸强的商业比赛，戚老爹的防反屡有得手的时候。然而，此一时彼一时，防守反击是弱队面对强队的一种无可奈何的选择，而大家彼此水平相近时，你首先将进攻的主动权拱手让出，无疑长了人家的威风，未曾交手便先折了一阵。国奥队此次在吉隆坡的三场比赛都是率先失球，便是这种机械"防反"战术的恶果。敢于打防守反击的队伍，除了具备锐利的攻击力外，更重要的是拥有一条坚强的后防线，要不然就会首先失球。当年意大利队之所以运用这一战术取得成功，就因为它们拥有世界上最伟大的后防线，还拥有最优秀的守门员佐夫。可是中国国奥队的后防线早就让人堪忧，国奥队的守门员更让人担心，倒是锋线上人才济济，为参赛各国所器重。事实上，中国在前两场先失球的情况下被迫打起进攻（这对戚指导的防反正好是一个讽刺）时反而发挥了较高的水平，说明中国队可以采取进攻的战术，可实战时国奥队却没有充分利用攻击力量的优势来确定自己的战术。反而拿弱不禁风的防线去给对方反复冲击的机会，弃长就短，扬劣避优，焉有不败之理？

在自己后防线没有绝对优势的前提下，进攻就是最好的防守，这一点，戚指导不会没有想不到吧？

毛主席他老人家早就教导我们，在战略上藐视敌人，在战术上重视敌人。戚指导在战略上过于重视了对手，而在战术上又轻视了自己的优点，是缺乏自信的表示。两强相遇勇者胜，勇者，气也，气者，斗志也。斗志并不意味着大话，也不意味着非全线压上进攻不可，同样，谨慎也不意味着就非打防守反击不可，主动进攻同样也是一种高质量高水平的谨慎。四年前，徐根宝豪言加壮举，未能逃出败运；四年后，戚务生谨慎加防守，还不如徐狂人的战绩（细比就发现，两者差之甚远）。同样是默迪卡，同样是兵败韩旅，同样在赛后都表示要由自己负责。历史是惊人相似，只不过徐根宝负责的是未能兑现的诺言，而戚务生呢？他要负什么责？领导责任由王俊生顶着，败绩由队员顶着，他和有关人士都是众口一词地说是"技不如人"，因为技不如人当然贯彻不好教练的意图，他甚至对战术都可以不负责任了。看来他只能对下一次的失败承担责任了。而照我看来，缺少想象力的徐根宝是说话不留余地的话，那么今日国脚之帅似乎少了一点想象力，而缺少想象力的人是很难找到什么明显的缺点，只是缺少想象力的人一般缺少自信。队员缺了自信，临门一脚尚会踢飞，何况一军之帅哩。

建议国脚教头，读点孙子兵法。

(1996.03.27)

遥望施拉普纳

施拉普纳的光脑门出现在五台山体育场上时,我没有像一般球迷站起来发出震耳的轰鸣。默默遥望着这位来自日耳曼的"大爷",心里想到了好多。

50多年前,有一位老外"不远万里,来到中国",后来成为中国人家喻户晓的楷模,他就是和老愚公、张思德齐名的诺尔曼·白求恩先生。毛泽东主席曾专门撰文纪念他,《纪念白求恩》是毛泽东主席洋洋文海中少见的悼念文字,更何况是去追怀一位洋人呢。白求恩享受到的殊遇是中国革命史上的很有研究意义的现象。不知什么原因,在我的印象中,白求恩远不如老愚公、张思德来得亲切、自然,这种淡淡的生疏感可能与儿时感染的排外情绪有关。

诺尔曼·白求恩逝世50年之后,施拉普纳先生接受中国足协和上海大众汽车公司的邀请,欣然担任了中国足球队主教练这一非同寻常的职务。我常常会不由自主将这两位洋人作比较,白求恩是为了帮助中国人民赶走异族侵略者,施拉普纳则是为了振兴中国足球事业率中国队闯到世界杯的决赛场的。一赶一闯,中间充满了多少历史沧桑。虽然施拉普纳在德国经商的经济效益要比担任中国队主教练的薪水要好,但白求恩则完全是出于国际主义精神,是没有薪水和津贴的。这并不能说明白求恩与施拉普纳境界的高低,这正是战争年代与和平岁月,政治和体育的一些本质差异所在。

施拉普纳备受国人青睐,不仅仅因为他是"外来的和尚",

也不仅仅因为他鲜明迥异于国产教练的个性，还在于他充满深刻的略带传统甚至保守的思想倾向。比如，在今天，"第二职业"已经成为时尚，有无"第二职业"是衡量一个人才华、能量的试金石。而老施则谆谆告诫他的队员要有"敬业精神"，与我们多年以来提倡的"全心全意为人民服务"的宗旨可谓如出一辙。再比如，爱国主义的观念在运动员中普遍淡漠，施拉普纳则反复向队员灌输"你们身后有12亿中国人"这类民族主义色彩强烈的思想。

其实，施拉普纳并没有提出特别新异的见解，他说的都是极为普通的常识，不仅是做一个运动员应懂的ABC，也是每个普通人都明白的道理。遗憾的是这些普普通通的话在中国足球界、体育界乃至传播媒介竟有一种振聋发聩的轰动效应，以至于袁伟民先生都要感慨地说，施拉普纳要比我们的教练会做思想工作。不论怎么说，施拉普纳总是一种象征，他是开放的中国才会有的"符号"，他不是中国足球的救世主，但施大爷身上凝聚着无数中国人（不仅仅是球迷）的幻想。是幻想造就施拉普纳的这尊"神"。我真担心施大爷承受不了那么沉重的目光的期待。

(1993.05.09)

梦之篇

难圆足球梦

　　黑白相间的足球在伊尔比德的球场上跳跃着。阿南德率领的"飞毛腿"以1:0的轻巧比分击败了施拉普纳兵团的"爱国者"。黑白相间的足球在伊尔比德的球场上跳跃着。演变为一个历史定格：伊拉克队拉迪的一"箭"轻发，射穿了12亿中国人12年的梦想。

　　1981年苏永舜的舰队被新西兰的快速鱼雷击沉后，1985年曾雪麟的巨轮竟被香港队的舢板撞翻，1989年高丰文的战船又遭西亚两个"黑色三分钟"的四声冷枪，阻在新加坡遥望罗马格斗场。这一次，一年前就请来了足球皇帝贝肯鲍尔的老乡来帮助12亿中国人来圆一圆长达12年的美梦。然而，梦还是不由自主地破灭了，而且破灭得那么干净利索、那么不拖泥带水、那么坚决无疑。长跪着的球迷竟在成都的绿茵场上不知道祈祷什么！

　　不是施拉普纳不小心，不是徐驶不小心，不是队员不卖力，甚至也不是裁判的失误和阿拉伯兄弟的"攻守同盟"。是什么呢？是命运。

　　命运即球运。而球运是什么？球迷们都明白，球运是一个综合性能力的反映，就像机遇永远青睐勤奋的人一样，球运也不会向着一支不成熟的球队。施拉普纳所在国的国家队在历届世界杯上几乎没有悖运的时候，还在于德国队雄厚的实力。而如果仅仅靠球运好，丹麦队就不会在欧洲锦标赛上以替补队的身份去摘取桂冠。球运虽然不能与实力划等号，但球运只是实力的延伸和补充。一个球队兵败之后怪罪于球运欠佳虽然理直气壮，但无疑是承认自己的技战水平逊于对手。

命运总是公平的。只有不公平的裁判，没有不公平的球运。球运从不偏袒谁，也不欺负谁。这12年，足球界的领导人士和各位主教练可谓竭心殚力，可谓绞尽脑汁，他们深知自己肩上扛着一个巨大的梦想，他们兢兢业业而又大胆改革，球迷和记者们以及世界足联和亚足联也出了不少主意、提了不少建议。他们也在采纳，也在改进，但始终没有根治好潜在的病灶，这就是从足协到球迷、从教练到队员普遍存在着的短期效应行为。这次聘请施大爷执掌中国队的主鞭，也是这种短期行为的最好例证。徐根宝兵败吉隆坡之后被"上下一致"弹劾下台，寄望于洋人给国家队来一针兴奋针，来一粒大力神丸，便捷地步人世界杯的决赛圈，实在是天真而可爱的甚至是可怜的想法。但命运残酷地报复了中国足球的短期行为与浮躁心理。

路，在脚下，要一步一步地走；球，在足下，要一脚一脚地踢。中国足球只有放弃短期行为，克服浮躁心理才会真正地走向世界，让梦还原为现实。可这又谈何容易？短期行为又岂止仅在足球界造成危害和灾难呢？

你好，梦之队！

"梦之队"这名字实在是太好了！1992年巴塞罗那的夏天刮起一股迷人的旋风，这就是美国国家篮球队队员们超群卓尔的创造性的艺术表演。他们风靡整个西班牙，全世界的球迷都为之倾倒。

成立"梦之队"的构想实在是太美妙了。它把美国职业男篮的精英浓缩到一个精致的组织中，在这个组织里，世界超一流的球星各显神威，稳稳把一枚金牌揣在怀里，怎么也不会丢失。它弥补了刘易斯在百米赛场上的空缺，也掠夺了足球场上的辉煌与华彩，成为真正的现实的梦幻。最近，意大利AC米兰队的老板企望网罗全人类的足坛豪杰组织一支"梦之队"到世界各队作友谊赛，以让更多的人们欣赏超级巨星的英姿和风采。不知道足球能否产生出一支"梦之队"来，倒是AC米兰队在意大利甲级联赛创下连胜24场的纪录之后便频频告负，很快褪落了梦的色泽与梦的神秘，仅被视为甲级队中的一支而已。AC米兰队不败的神话破灭之后，球迷是异常伤心的，它粉碎了一尊刚刚树立的偶像。呼唤"梦之队"，便成为足球界的共同心声。

　　人们喜爱美国男篮梦之队是不难理解的，可为什么要冀望足坛也有一支"梦之队"呢？一方面人们可以一举共睹所有天皇巨星的风采以及他们超凡的艺术表演，另一方面则是因为在现代社会里人们多元竞争的情境下，已经很难有人始终保持胜利者的姿态了。失败与挫折已成为现代人生活的一部分，人人都拥有不同程度的挫折感、失败感、弱者感。人们在事业上的局部胜利和有限胜利需要一个完整的神话来支撑，人们在竞争中遭遇到的失败又冀望于一个不断成功的幻觉来补偿才能维持心理的平衡。这样，"梦之队"就在人们的心理上诞生了。因为在现实生活中永远保持不败的球队是不存在的，所以只能是一个"梦"。以往的梦之队存在于虚构性的文字和画面里，像《加里森敢死队》里的常胜者以及美国神话007都是一种虚幻的"梦之队"。可现在它居然实实在在地存在着，飞人乔丹、魔术师约翰逊的身影是那么真实而具体。比分牌上的数字那么无可置疑。古典主义的英雄再度出现在电脑时代，人们童年时代的英雄欲又一次以极其幼稚的形式出现，在重返儿时心态的过程中人们巧妙地实现了一次"自我"。难怪有人高呼"梦之队"万岁。

不过美国组建"梦之队"不仅仅是为了奥运会的一块金牌，还是展现美利坚合众国形象、弘扬美国文化精神的免费广告，也是一次对全世界的宣言。潜藏在"梦之队"背后的隐性内容是很耐人咀嚼的。

(光明日报　1993.10.23)

泪洒奥运

这届奥运会给我印象最深的不是宏大的开幕式，也不是运动员的英姿，而是泪水——眼泪这特殊的分泌物。

看了好几届奥运会，似乎这一届的泪水最多，至少本届的热泪盈眶的镜头最多。女人流泪，男人也流泪，运动员流泪，观众也流泪，我们这些远在万里之外的电视观众也跟着洒泪水，陪激动。这里面有幸福的泪，欢乐的泪，也有痛苦的泪，懊丧的泪，有成功者的泪，更有失败者的泪，有英雄的泪，也有不能成为英雄的失意者的泪。26届奥运会快成为泪的海洋，百年奥运在热泪中度过华诞。

我们看到邓亚萍蝉联奥运冠军的飞泪，也看到百米巨星克里斯蒂的冷泪。中国女将的飞泪是大战获胜后的激动，而英国老将则是被取消比赛资格的悲恸，是英雄老矣、机会不再来的黯然。他们可能是本届奥运的最佳"泪星"。董炯的泪则别有一番滋味在心头，他在被拉尔森战胜失去羽毛球男单冠军之后的复杂表情，只能用欲泪未泪一词来形容。平心而论，董炯输给拉尔森不仅差在状态上，也差在实力上。董炯的欲泪未泪既不是胜利者的含蓄，也不是冤屈者的不满，而是一种倔强，一种不服输的宣言。

男儿有泪不轻弹。泪水作为人类表达感情的独特方式有着多种可能，但从没这届奥运健儿表达得如此丰富如此淋漓尽致，他们的真性情流露也成为奥运赛场外的一大景观。他们远比一部廉价的电视剧那些演员们的廉价表演更让观众流泪。在奥运会的十几天里,生活与艺术没有距离。

泪水还是一种压力的释放。说实话,不论就国家荣誉而言,还是就人生价值而言,不论是商业意义还是名人效应,金牌给人的诱惑总是巨大的。这巨大的诱惑同时会变成一种巨大的压力,这巨大的压力一天天积累起来凝聚起来,像火山一样等到奥运这一日喷发。倘登顶成功,泪水自然会随着喜悦流淌,压力就变为狂喜;倘若失败了,流泪也是释放压力的好方式。医学研究表明,流泪确益于人的身心健康,松弛人的精神,是一项很好的健身运动。运动员如此,我们这些电视机面前观看比赛的"看客"流点泪自然会也获得健身的效果。这可能是奥运会鲜为人知的特殊"贡献"。

(1996.08)

让我一次哭个够

十八岁以前，好哭。母亲说，男人眼泪贵如金。

十八岁以后便不再哭。可为中国足球队的悲惨命运，我每次都泪水纵横，放声哭泣。

这一次，我却欲哭无泪！

虽然在中国足球队出征约旦之前，我便在《北京青年报》上撰文祈祷施大爷不要写他老乡的名著——《悲剧的诞生》，虽然在不知洋教头姓甚名谁之前我就直言洋教头是人不是神，但没有让人喜出望外的结果更加残酷，它像一声哑炮闷在人心里，巨大的阴影憋得你喘不过气，憋得你不敢希望（是因为太寄希望而又毫无希望），压得你流不出泪、哭不出声。

没有什么好指责的，居然是输得那样的合情合理，没脾气！不要指责施拉普纳，不要指责中国足协的领导，不要指责那些暗暗抽烟喝酒的队员，甚至不要指责"罪愆"深重的黎兵，他们何尝不想早日冲出亚洲，走向世界呢？他们的悲剧在中国足球史上已不是第一次，也不会是最后一次。中国足球的命运不是一天两天、一两个人能改变的，问题是这次他们把球迷的希望扼杀得太早。"出师未捷身先死"，没有"黑色三分钟"的风云骤变，也没有"5·19"稳操小组出线权时又轻易地奉送给香港队的"大意"，更没有与新西兰队生死决战的壮观，太没有悬念，也太没有遗憾了！没有遗憾使得成都的绿茵场变得黯淡无光，让我们流不出眼泪说不出悲伤。

其实，我们应该不怕输，我们输得起，中国也输得起。"国运兴，球运兴"是一句不负责任的格言。即使女排屡屡获得世界冠军，丝毫也不代表中国的经济能力位居世界一流，更不意味着中国社会的现代化程度和体育水准已经跃入"第一世界"。失利只能说明中国作为足球运动的后进地区没有什么改变，只能说明足球的魅力无穷。胜负是暂时的，足球运动才是长久的。尽管国脚还会惨败，我不会像有的朋友那样发誓不看足球，我的目光将继续追随中国足球的身影，无论是英武雄姿还是狼狈窘态。这是不可改变的。

然而，我还是想痛痛快快地哭一场，哭个够，然后不再哭，永远不哭。可是我欲哭无泪。但愿这是最后一次。

(1993.05)

飙升八万份的启示

世界杯期间，《扬子晚报》的日发行量从120万份一下子猛升到128万份，这是个很有意思的现象。

如果不是世界杯，报纸的发行量在短短一个多月内飙升8万，那简直是天方夜谭，然而世界杯使这一切成为可能。如今足球已成时尚，晚报作为一种大众传媒，紧贴大众才有生命力。《扬子晚报》的世界杯特刊可谓顺应了这种时尚，因此得到大众的认可。

然而足球这种时尚和其他时髦玩意不一样，足球运动更多地凝结着一种民族文化。世界杯上的每一支球队都代表着一个民族的个性、精神与素养。尼日利亚为何进不了八强？我认为与民族的素质有关，一个缺乏团结精神与优秀品质的球队是很难有所作为的，球队如此，民族也是如此。

我曾经在我国的作家当中做过一个简单的调查，结果发现其中不少人是很专业的球迷，我想这不是个偶然现象。因为作家所关心的与足球所表现的恰好不谋而合，都是人性与民族性中深层次的东西。看法国人举办的世界杯也真是一种乐趣，他们浪漫的性格在世界杯上得到了充分体现。不管是埃菲尔铁塔下三大歌王的联袂献艺，还是世界名模在法兰西体育场上的盛大表演，都让人领略到世界杯的艺术魅力。

《扬子晚报》世界杯特刊的优势就在于通过记者的笔向读者展示了这种魅力。整个世界杯报道犹如一部精彩的电视连续剧，让人欲罢不能，只好像子川那样，每天吃完午饭就赶紧去看报纸到了没有。我想这也正是《扬子晚报》一个月内发行量飙升8万份的原因之一吧。

(1998.07)

解说的变迁

现代体育运动的发展是与现代科学的发展分不开的。体育节目的现场直播，虽不能影响一场竞技的质量或胜负，但它却是现代体育的重要组成部分。而现场直播从最初的广播解说，到现在的卫星电视直播，从声音同步到音像的同步，使远在万里之外的球场"搬"到了家中，更是现代电子技术日新月异发展的具体写照。笔者这里不想去论说现代科学与体育运动的关系，只想就中央电视台两代体育解说员的差异来谈一谈其中的文化结构和精神取向。

中央电视台的体育主持人（或解说员）大约可分为两种风格，一种是以宋世雄为代表的语言流，另一种就是以黄健翔为代表的理性流，前者还包括孙正平、韩乔生，后者似乎还有张斌和资历老一些的师旭平。以宋世雄为代表的语言流，经过几十年的锤炼已经蔚为大观，其口吻和语速到了妇孺皆知的程度，而黄健翔的理性流，则是这几年，特别是中央电视台体育频道开播以后才慢慢形成的解说新流派，并慢慢开始与宋氏流抗衡。两代人的解说风格引起人们极大的兴趣，对此也有一些议论和评说。

体育解说最早源于广播，广播解说员的特点就是要有充分的语言表达能力和快捷的语言反应速度，因为广播面对的对象是听众，听众是要借助声音来想象比赛的画面和场景的。广播的解说就是说，就是描述，从这个意义上讲，宋氏流的创立是成功的甚至是完美的，因为以宋世雄为代表的解说员，他们都能以超出常人的语速在有效的时间内传递比赛场上最大的信息量。现在曾经有人嫌老宋和小韩、小孙的嗓音过于尖利，殊不知这是多年"寒窗苦"

练就而成的,因为如果当年老宋也按今天黄健翔的语速去解说比赛的话,不仅跟不上比赛的节奏,还会遗漏很多的信息量,甚至连比赛的内容也难以全部传送到听众那里。而语言学最基本的常识告诉我们,嗓音的粗细往往与发音的频率有关。而以黄健翔为代表的"理性流"可以说建立在观众的基础上,因为今日的听众对象已不是当初两眼一抹黑怀抱收音机,而是与解说员同时看到电视画面,可以说他们不是听众,而是读者,在读体育比赛这部长篇小说或短篇小说。因而电视的解说员要担当的不能只是一个转述者,而是评论家的角色。你的解说要夹叙夹议,要更能够传达球场以外的信息,来充实和丰富那些电视机面前"读者"的"阅读"需求量。简单地说,理性流就是分析流,要分析战术,分析队员,分析气候,分析对手,分析裁判,分析一些与体育无关的事情。实际上解说变成了评说、评论,由于不必对赛场的实况作过多过细的描述,黄健翔们才可以从容地压着嗓门缓缓地娓娓道来。

现在普遍欣赏理性流的雄浑的嗓门,而对宋氏流给予了不恰当的批评,其实照我看来,撇开这两种风格形成的历史原因不论,就这两种风格的解说效果来看,仍会各有千秋,各有长短。比如这几年黄健翔解说风格的受宠,很大程度上与中国足球冲出亚洲的屡屡受挫有关。比赛的失利,观众需要那种语速迟缓的甚至深沉的男低音,如略带一点沙哑的话,就更能切合观众那种悲凉无奈的心境。黄健翔式的宽厚和低沉可以说应运而生。而宋世雄式的激越、高亢更适宜解说那些中国队过关斩将夺魁的比赛。在中国人能占据优势的比赛,就是解说员饶舌一点,我们也觉得能够接受甚至认同;反之,就会觉得那种尖而快速的嗓音刺耳。

(新民体育·碧树风声 2000.06)

话说主教练

四年一个循环，戚务生在千夫所指的讨伐声中终于走完了他在国家队主教练的最后一站。新的一轮循环已经开始，这个新的标志就在于新一届国家队的主教练的走马上任。在读者读到我的这篇文章时，新一届的主教练或许就已经与球迷见面了。我也就不必花那个闲心思去猜测或"推举"谁了，这里想说一说对主教练本身的看法。

照常理，主教练的职责权是不用去讨论的，可今天这个问题却必要说清楚，因为戚务生近年来的举动，让人越发对"主教练"这个角色应担负的"戏"发迷糊了。主教练，贵在"主"字上，就是能够主事，能够做主，能够说了算。可这些年来，作为国家队主教练的戚务生却有一种"客教练"的味道，他在十强赛后说那句，"我负我该负的责任"，一点也没有"主人"的意味，反倒让人有一种"客人"的责任，因为这话从"辅助"他的迟尚斌或金志扬的口中说出来似乎倒更合情合理些。十强战失利，主教练的责任无可推卸，而戚务生此话当然是话中有话，"该负"是说明有的不该他负的。也就是说，他这个主教练并没有真正做"主"，否则他不会说这种潜台词丰富的话的。事实上，明眼人早就看出来，戚务生带国奥队冲击未果，他的"主教练"的"主"已变相被省略去了，成为一个教练。从亚洲杯赛上非戚务生所长的压迫式打法到十强赛前迟、金两位地方队教练的"入帐分权"，都说明主教练的"主权"已经被瓜分了。戚务生当然只能负他"该负"

的那一部分。最明显的就是几次铸成大错的换人问题，戚务生说，是事先决定好的。也就是说，他只是一个执行"旨令"的教练，而非主也。戚务生不服气也就不足为怪了。

　　主教练的具体职能好像还可分为"主教"和"主练"两个方面。在欧美强队那里，主教练的任务好像侧重于"主教"，也就是制订球队的战术风格，通过适当的方式把队员凝聚成一个整体，因为"练"的事则是球员自身需要。中国的主教练，甚至包括韩国的主教练（且以崔殷泽为例）不但要"主教"，还要"主练"，就是督促队员去练球去训练，甚至监督好球员去睡觉，因而会练队员的主教练往往能出成绩。徐根宝的足球观念、战术素养和管理方法在国内算不上最好的，带有古典主义色彩，但他能带出好球员和好球队来，一个重要的原因就是他是一个"主练"型的帅才。这也是人们至今对他充满好感的原因，或者说他适合了中国的国情。但作为一个主教练，他在"主教"方面能力和他"主练"方面的能力是不成比例的。徐根宝带队的多次悲壮性失利，表面上看是一个运气问题，实际上是他"主教"的跛足造成的。这也是徐根宝能够带好青年队的原因，会练。

（1998.01.10）

网上看足球直播

三月份是足球甲级联赛重新开战的月份，本可看到诸多精彩的比赛，但因南京的电视只接受浙江、四川的卫视落地，每周可看的比赛除了中央电视台五频道的直播那场比赛外，另可看的便是四川全兴队主场与对手的比赛（全兴的客场有时四川卫视还不能转播），南京的球迷对全兴队往往很熟，因为时常在电视上看到他们的面孔。

3月25日，星期六，本是看甲B的日子。可因为米卢带中国队去南斯拉夫与南国家队比赛，甲A提前了。这本是让人开心的事，可因为中央台五套到26日才转北京国安队对天津泰达的比赛，而全兴队要到晚上才与海牛队交锋，星期六下午我便手执遥控器搜索着电视频道，期望能看到一场甲A。当中央台五套直播女足超级联赛上海队对大连队的比赛反复出现时，我有些绝望了，只能等待比赛的消息了。

没想到一个朋友打电话告诉我，他也在为此烦恼着，但他说有一个新的渠道可以看到甲A的赛况，我以为他是说听收音机呢。要是有收音机听也可以呀，可是没有哪家电台直播呀。他说：上网。

我立即打开电脑，新浪网上果然在直播每场比赛，辽宁队与沈阳队的开球较早，比分还是0∶0，大连万达对重庆隆鑫的比赛刚刚开球，申花与敖东的比赛稍晚些，鲁能与厦新，红塔对平安也稍随其后。有"记者"不断用文字转述比赛场上的内容，但从字里行间可以看出转述者的立场，看得出他的喜怒哀乐，虽然文字更容易掩饰解说者的情绪和脸色,但是他还是无法"客观",从他转述的内容里仍然暴露出他"叙事"的倾向。比如,在重庆隆鑫队以2:0领先大连实德队之后,他便有闲空来进行"场景描写"了,"场上气氛很热烈","科萨连连摇头",应该说这是非常生动的。可张恩华受伤下场的情景,他只是轻描淡写地说了句,"张恩华被换下场",毫无感情色彩,假如是马克受伤下场的话,肯定会描写马克"痛苦的表情"。

另外几家的文字直播则毫不掩饰这种个人的情绪或主观情绪,他们夹叙夹议,仿佛在聊天室聊天似的。过瘾是过瘾了,我这个旁观者看来却有些直露,不如那种貌似客观的"叙述"更有意味。

这或许是搞文学评论的积习难改的缘故吧,一见到文字就容易评头论足,网上直播甲A的文字又不是文学,哪来那么多讲究。不过,这也说明网络生活的多种需求,每个人都带着自己的知识背景、文化背景到网上"生活",他把这种背景折射到网上,反过来也同样要求网上给他阅读(浏览)满足。网上的文字直播本是传播信息的,但由于文字比画面对原始信息的损耗更大,我也就有理由要求文字直播者更客观些。

(新民体育·碧树风声 2000.06)

期待奇迹

随着米卢蒂诺维奇与中国足协签约仪式的完成，"南联盟"的诸多教头在中国足坛"登陆"便告成功。北京国安队的乔维奇，山东鲁能队的桑特拉奇，上海申花队的彼德洛维奇，大连万达队的科萨诺维奇，青岛颐中队的奥斯托杰奇，再加上四川全兴队的米罗西，"南联盟"七君子在中国足坛垒起"七星灶"，以后甲Ａ教头开会，不知底细的人还以为这些"奇"们在开同乡会呢。

中国足球兴"刮风"，"跑圈风""韩国教头风""健力宝风"，如今又刮起了"奇"风。这都不是一种理性足球的做法，有点像邻居大妈买股票，谁涨跟谁走，到头来还不是跌跌爬爬。桑特拉奇去年的成功，并不代表今年成功，桑特拉奇的成功，更不能代表南斯拉夫的教练适合中国足球。记得当年崔殷泽率延边敖东队打出士气，打出了水平，有人断言韩国流能治中国队的"恐韩病"，于是甲Ａ便来了一帮韩国人，如今只剩下李章洙一人在中国苦苦支撑，一不小心还会中途下课。

选什么样的教练担任中国的教练，这是需要认真研究的。拉扎罗尼与塔瓦雷西都是巴西人，但名师拉扎罗尼却把申花带到联赛以来的最低名次，而名不见经传的塔瓦雷西把全兴队带入了三甲，创造了全兴队有史以来的最好成绩。但我们不能由此就断定巴西教练适合或不适合中国队，《足球》报上有人把巴西教头比作大学教授，把南斯拉夫教练比作小学教师，说中国足球现在是小学阶段，因而适合南斯拉夫教头。

此言差矣，且不论中国足球是否处于小学水平。但南斯拉夫足球水平肯定不是小学水平，南斯拉夫在欧洲是绝对的强队，很难想象小学老师带出的学生会是高中生、大学生。况且，如果巴西教练是大学教授的话，而塔瓦雷西在松日队和全兴队的成功能说明这些队的队员是大学水平吗？

每个教练都有自己的特点，每个球员都有自己的特点，笼而统之的说中国队员适合什么风格的教练，还是一种睡不着觉嫌床坏的心理在作怪。就像李章洙的成功不能说明韩国教练适合中国队员一样，桑特拉奇的成功也不能说明南斯拉夫的教练就是中国足球的救星。把洋教练当作救星，还不如把外国球星当作救星。日本在这方面有先例，他们让拉莫斯、洛佩斯等巴西球员加入日本籍，不仅带活了日本队的中场，而且还耳濡目染地带出一批日本队员。中田英寿如今在意甲联赛熠熠发光，早就盖过了拉莫斯、洛佩斯这些日本籍的巴西人。但是，这些巴西人的影响却是不可低估的。

米卢蒂诺维奇们来了，相信他们会有成功，也会有失败。尽管中国队2002年闯进世界杯是个奇迹，我们还是期待它出现。

(新民体育·碧树风声　2000.06)

米卢驯驴

中国国家队有过三个洋教练,三个洋教练都像是来训练中国队队员的驯兽大师,各有长短。现略表一二。

最早来到中国的是施拉普纳。施拉普纳是最具驯兽师风采的,他的一言一行都透着马戏团的气息,连长相也非常的"马戏":光脑门,小胡子,啤酒肚。施大爷来中国的名言,便是要像豹子一样勇敢,不要像兔子一样。他想把中国队员变成勇猛快速的豹子。但没成了豹子,连兔子的狡黠和机灵也丢了,兵败约旦队,兵败伊拉克队,连小组出线权都没有拿到。队员问施拉普纳怎么踢?施大爷说:"往球门里踢",这是标准的豹子哲学。小豹问老豹怎么猎取猎物?老豹说,咬住猎物的喉管。可惜中国足球队不是豹子队,他们更喜欢做龟兔赛跑中的兔子,想用对手的无能来显示自己的文明,比如这次亚洲杯打关岛队。

施大爷的驯术失灵,戚务生养鸡一样当了国奥队、国家队的主教练,十强赛再次与世界杯无缘。戚务生鸡场老板也当不下去了,又请来了英国人霍顿。霍顿不像施拉普纳,他知道中国队的队员不是猛兽,不是豹子,也不是老虎,连猎狗都不是。虽然中国曾经有过东方睡狮的称号,但中国足球队队员实在是家畜类的队员,宜多给食,养在庭园里,常捋毛少抽鞭。霍顿对待他的队员像伺候小马驹一样小心,唯恐他们伤了筋骨吃了苦头。所以,霍顿在奥运会预选赛失利之后,国奥队的这些小马驹统统说霍顿的足球理念如何先进,教练水平如何高,真是吃水不忘开井人,输球犹念庸师恩。

　　来了米卢蒂诺维奇，这位南斯拉夫的神奇教练是沾了同乡桑特拉奇的光才有机会到中国挣一份薪水的。他的驯兽术尚处于保密状态，但米卢看了亚洲杯预选赛之后已有感慨：中国足球离世界太远。他的潜台词是：中国的队员根本就不是什么马驹，而是一群毛驴。霍顿是错将驴头为马嘴，当然要出错。米卢则以驯驴的方式来对待他的队员，驴子跑不快，但有韧力；驴子不聪明，但听话。米卢的这些念头躲躲闪闪，但已见一斑，看来他的"施政纲领"便是要搞驯驴计划。

　　或许米卢的驯驴计划能得逞，但中国足球要达到世界水平，还不知道等到驴年马月呢！

（新民体育·碧树风声　2000.06）

中国足球只剩下条短裤

这是一个颇有意味的镜头。中国甲A联赛最后一轮京辽大战哨音刚落，双方比起"跆拳道"。聪明的李金羽此时此刻却逃离"现场"，任哥儿们去挥拳动粗，他却煽情地跟到场边去讨好辽宁的球迷。李金羽像表演脱衣舞那样，将身上的衣物一一脱去，扔向观众，最终只剩下一条裤头。

只穿一条短裤的李金羽奔跑在北京寒冷的冬天，狂热的球迷欢呼着，他们忘记了绿茵场不是游泳池，也不是海边沙滩，大羽不应该将"羽毛"拔去。按照国际足联的规定，比赛时脱去上衣是要吃牌的，认为这是对观众的不尊重，而李金羽好像并没有受到中国足协的处罚，更没有遭到球迷的呵责，辽沈球迷反而对他们心爱的大羽更加崇拜了。应该说，脸上充满稚气穿着短裤奔跑的李金羽虽然不优美但也不难看，他将所有的愤怒和对球迷的感谢都通过脱和跑表达得淋漓尽致。而且，他没有介入殴斗，就不会像孙继海那样一时冲动，既少拿了出场费，又被禁赛。大羽这一跑，这一脱，省却了很多的麻烦，小子聪明。

或许是一种隐喻吧，中国足球到了1999年已经差不多输得只剩下了一条短裤。霍顿带领的国家队在冲击奥运会时，不仅再次输给了老冤家韩国队，而且还输给了亚洲三流队伍巴林队，丢尽了颜面。霍顿创下了中国足球队近三届冲击奥运会的最差成绩，中国足球在世界的排名也是近年来的最差名次。而职业联赛也陷入空前的混乱和暧昧，"黑哨"未被禁住，假球倒在"没有证据"

的"法律原则"掩护下，越演越烈。最"精彩"的莫过于最后一轮的沈渝之战，双方配合的默契已经到了令人呕吐的地步。然而，这场让人恶心的比赛至今还没有个"说法"，还在调查，还在取证，还在磨蹭，还在为自己找台阶下。

可悲的是球迷，输得只剩下条短裤的中国足球似乎并没有冷却他们的一腔热情，他们还在为错把绿茵当泳池的小子欢呼。悲乎。有人企图将中国女足的辉煌成就来为中国足球遮羞，来功过相抵，这是不可能的。中国女足与中国男足有哪一点是相似的，条件？薪水？精神？我要说的是，中国女足不代表中国足球。没有足协，女足照样出成绩，说不定还会拿世界冠军。用中国女足的胜利来掩饰中国足球工作的昏聩和无能，是对女足姑娘们的玷污。

（新民体育·碧树风声　2000.06）

足球不相信暴力

A

先说女足。

女子足球运动的兴起得力于女权主义者们的辛勤耕耘。

女子足球显然是仿效男子足球的，在西方女权主义者眼中妇女最为解放的中国妇女当然捷足先登了，因此中国的女足和中国的女子举重一样成为世界强项。遗憾的是女子足球有了世界杯，也有了职业联赛，甚至成为奥运会的重要项目，可女足的市场并不景气，与世界第一运动极不相称。男足的世界杯会搅得全世界鸡犬不宁，成为球迷的狂欢节，而女足的世界杯平淡得像一场中学的运动会。中国男足的水平用官方人士的话说，在亚洲也就是个"二流水平"，但是中国足球的市场却跻身世界一流的行列，连曼联、拜仁这样世界顶级的俱乐部都前来中国宣传开发市场，要与中国足球俱乐部合作。中国的甲A联赛显然难与欧洲五大联赛媲美，可它的市场屡屡吸引可口可乐、百事可乐等国际品牌为主冠名。而中国足球市场所表现出来的"性别歧视"令人感到某种"黑暗"。中国女子足球是世界一流水平，拿过好几个世界亚军，但中国女足的联赛凄冷得在场边找得出麻雀（不是悉尼奥运场上的鸽子）。虽然CCTV为了弘扬女足的拼搏精神，每周也进行直播，可球迷宁可去看水平更为低俗的甲B联赛，也不愿把目光在女足姑娘矫健的身影上多停留一会儿。

这不是性别上的沙文主义。

这是足球的本质决定的。

足球应该有很多的本质，有很多美妙的定义，但足球最能吸引人的恐怕在于它是集体暴力的表演。足球运动是一场有规则、有组织的"群体殴斗"。在所有运动中，拳击无疑是暴力的、殴斗的，但它是用手来完成的，而且是单打独斗，而足球是唯一的用脚进行的群体"暴行"。

而暴力又是属于男人的。

足球这个词本身就是阳性的。我们说某某国家足球队时绝对不会与女足混淆，女足本身的发展和延伸在这种意义上就显得多余。这倒不是一种性别的歧视，而是一种文化和身体的积淀。女子可以参加速度、力量的对抗，但女子如果来参加暴力对抗强烈的运动，其观赏性与男子相比，自然就会落了下风。就像花样游泳、女子体操是女性展示"天生我材"的优势项目一样，如果男性不甘示弱，也选择花样游泳和艺术体操与女子争艳，那是很倒胃口的。体操比赛的项目设置是很人性化的，比如平衡木作为女性的专有项目，便能充分发挥女性自身的优势，它让女性借助"独木桥"这个奇特的舞台来展现她们的运动美感和性别魅力。在女足和平衡木两个项目中，观众更欣赏后者。

B

暴力又是和力比多(libido)联系在一起的。

弗洛伊德老人的学说似乎是一把万能钥匙。性的问题如此直接地影响我们的生活、影响我们的思想、影响我们的语言，与这位老人的重大发现是分不开的。弗洛伊德创建的精神分析学说让生活变得科学的同时，又让生活变得庸俗甚至丑陋起来。一方面，因为老弗的理论让我们很多受压抑的举动能够找到合理的依据；另一方面，我们生活的许多隐秘面被老弗的思想照亮之后又让我们惭愧和惶惑。

足球也无法拒绝弗洛伊德。北京工体上空雷鸣般的"牛×"和"傻×"的狂呼，也许是足球运动最好的注脚。

2000年是世纪之交的一年，当"伟哥"带着西方的雄风和霸道登陆古老的中华大地之后，引起的不是一片恐慌和兴奋，人们谈论得更多的是"临门一脚"的问题。"临门一脚"本是中国足球的顽症，射门不力、射术不精屡屡让球迷扼腕痛惜。为根治"临门一脚"偏软的问题，中国足球早就想借助西方的"伟哥"来让中国国脚"雄起"。德国的施拉普纳、英国的霍顿都是来自足球之乡的骄子，如今的米卢，更是"专治阳痿"的高手。活像中国古人自甘阴柔，他们把"阳"（"洋"的同音）送给了外国人，而对中国足球来说，"洋人"就是"阳人"，外教与外援都是各个俱乐部用来滋阴壮阳的。照古老的中医学说来看，"临门一脚"欠佳多半是阳亏，引进洋人增加阳气强肾就是很自然的事了。

古利特提出"性感足球"的概念，他和他的荷兰老乡们把足球踢得阳气四溢，激情癫狂。伟大的曼联队高举"足球就是性感"的大旗，让全世界的男球迷热血高涨，女球迷春意盎然。足球是一种性，它是被压抑的里比多的集体释放。足球是男人的运动，是男人在绿茵场这张硕大的卧床上的激情表演。运动员在场上的攻击性举动，都是男性渴望爆发、渴望成功的呼唤。女作家徐坤称足球是"狗日的足球"，这个"狗日的"表现了她的女性主义立场，但"狗日的"的本身道出了足球蕴藏的男性的、暴力的、性交的特质。现代足球的规则极其简单：把足球踢进对方的球门，阻止对方球员攻击自己的球门。足球场上有11名队员，其中有一位是守门员。守门员负责守门，因而他的着装与其他运动员格格不入，其他队员都是短裤短袖，而守门员则是全副武装，长衣长袖棉手套，整个一个妇人打扮，因为"她"（守门员）要捍卫球门的贞洁，对守门员来说，破门如破身。一场比赛一个球队的球门如果洞开几次，这个守门员就有"荡妇之嫌"。1998年的世界杯、2000年欧洲杯的"双冠王"法国队，夺魁的一大功臣便是守门员巴特兹。巴特兹的守术固然很高，但巴特兹作为一个"门"的形象委实让英格兰、意大利、荷兰那些帅哥们提不起一点射门的激情和爆发力。而英格兰队近年来屡屡受挫，用庸俗化了的弗氏学说来看，多半与英俊潇洒的贝克汉姆有关，小贝的俊颜英姿已让人妒火中烧，而小贝背后又有那位风情万种的辣妹，就会更激起各国国脚的同仇敌忾，力比多超能量发挥，他们打英格兰队就如有神助。

很多的球类比赛都与性的隐喻相关，但多半是一种合作和默契，有时甚至是一种和谐。比如排球、乒乓球、羽毛球，你攻过来，我打过去，双方攻防配合，是一种鱼水交融的关系。而足球的性则是一种强暴，射门，射门，再射门，撕破对方的防线射，射，再射。足球运动就是射门与反射门的运动，也就是强暴与反强暴的较量。这种集体强暴的行为引起了人们围观的热情，而0：0的僵局则让球迷感到不满足。球迷对球门守身如玉的贞操表示敬意，而对前锋们软弱无力的临门一脚表示讥笑和嘲讽。一届世界杯赛下来，如果每场平均进球率提高了，人们会兴高采烈，好像人的生命力变得旺盛了似的。进球率下降了，人们会感到一种莫名的沮丧，这种沮丧是对人的生命力的怀疑。于是，修改规则，鼓励进攻。总之，一切为了进球，一切为了射门。

C

射门进球不只是足球的专利，橄榄球、篮球、冰球、曲棍球、水球等都有着与足球相似的规则和相似的方针，都是众多的球员围绕着一个球门进攻，都用暴力的方式将球射进去。但是球的载体却不一样，橄榄球虽有美式足球之称，但橄榄球却是手足并用，篮球、水球都是用手来运球、传球、射门的，冰球、曲棍球、高尔夫球都是借助器械来完成射门的，足球是所有球类运动中唯一使用双脚来完成的运动，也就是说足球是用脚——射门的。

脚意味着什么？它是人体中最下的部位，它是人身上最承重的肢体，它紧贴大地，支撑着人的肉身和思想。双脚的功能是行走，是奔跑，是前进。在远古时代人的双脚本来和双手一般灵活、一般具有思想的功能。从猿到人这样一个漫长的过程中，手脚分工是人类进化的一次里程碑式的革命。因为手脚分工不同使人类有了今日的面貌，人开始直立行走，不再匍匐爬行或跳跃。但手脚分工的结果也使手越来越精细小巧，而脚的作用则越来越显得次要甚至多余。汽车出现之后，差不多宣布了脚的死亡，越来越多的残疾人摇手轮车出现在政治、经济、军事、文化诸多领域，比之正常人毫不逊色，脚再一次贬值。电脑时代的到来，虽然让人脑的地位下降，但操作电脑对手的要求反而更高了。当飞行的双手在电脑键盘上快速运动时，我们会产生是飞行的手在思想的错觉。手与脚的距离在电脑时代又一次被无情拉大。联系大地与人的双脚对现代人来说已无足轻重。这是社会的进步，但于人自身的发展却是一个退步。人们有理由更多地使用双脚，在它的实用性下降（以车代步）时，必须通过游戏和竞技来补充。因为足球运动中，脚代替手进行思维，脚传递大脑的信息和思想，脚在产生着情绪、思想和智慧。在足球比赛中，脚部的神经异常活跃，它表现出的倒挂金钩、凌空怒射、横扫铲射，其实都不过是远古猿类最正常的维护生存本能的日常动作而已，而今天的观众则为之惊叹、称赞、歌颂，正说明人的双脚已退化到了何种地步。

手位于人的上半身，脚位于人的下半身。手意味着文明、知识、理性和智慧，脚意味着力量、野性和本能。现代社会人的"上半身文化"得到了充分自由的发展，特别是电脑出现以后，"键盘文化"就等于"上半身文化"，手指是驱动器，手指操纵着选票、股票、核按钮。而脚，在日常生活和工作中只是在田径场上、足球比赛中才能看到它的英姿。脚的沦丧是野性的沦丧，脚的衰退是原始生命力的衰退，脚的沦丧也意味着暴力时代的终结。

但脚的意义不能沦丧，脚的生命不能终结，脚的价值不能只在洗脚房里才能实现。现代医学研究证明，脚是人的第二大脑，脚部穴位连接着人体的每一个部位，脚的健康便是人的健康。足球在开发脚的功能的同时，也是在弘扬另一种价值观，这就是原始生命力。未开发的脚潜藏着生命的原动力，未被同化的脚是人类成为人类而不像机器的一个重要标志。足球唤醒了人的野性，也激发了人的原始冲动——用生命去撞击生命，用野性去激发野性，用暴力去征服暴力。

足球场是所有体育比赛中最大的球场，足球的观众也是所有体育比赛中最多的观众。虽然室内足球曾风行一时，也有世界锦标赛，但室内足球太像篮球、排球了，太人工化了。地板与草坪的区别在于前者是人工合成的,而后者则是在阳光雨露的抚育下自然成长的。绿茵场上广袤的天空让你能感受到造物主的神奇,而地板上展现更多的是油漆和工艺。人与人的碰撞,人与自然的沟通,在足球野性的狂舞中被昭示无遗。国际象棋、中国象棋、围棋也曾用硕大的棋在体育场内模拟棋手行棋对弈,但那些棋再庞大再有气势,厮杀再残酷,也看不到棋手的身影,也感觉不到对手身上的气息。人与人的厮杀,一群人与另一群人的脚的直接交锋,再加上唾沫、辱骂、合理不合理的冲撞以及犯禁的拳头,才能充分展现足球的魅力,才能张扬脚的伟大力量。

D

球迷,一群窥暴狂。

超级球迷被称为足球流氓。足球流氓是一个奇怪的概念为什么没有篮球流氓、排球流氓和冰球流氓?甚至拳击这样狂热的运动也没有产生拳击流氓,唯独足球的发烧友们会滋生出足球流氓来,奇怪!

一代球王马拉多纳是足球运动的天才,我曾撰文将他比喻成足球世界的"尼采",因为他用他的上帝之手击溃了高贵的英格兰人,为在马岛海战中落败的阿根廷人挽回了一点面子。他的上帝之手成为现代足球的一个经典,就像尼采宣布"上帝死了"一样改变了整个足球世界的纲纪。马拉多纳这个叛臣逆子分不清绿茵场和现实生活的界限,将足球中的暴力意识带进了生活领域。他忘记了球场与生活是两个不同的领域,他在两个领域按照同一个游戏规则行事,生活便出现了严重的分裂。在球场上他威风八面,攻城拔寨,让足球的野性原则和暴力原则得到完美的体现;然而,在现实生活中，他也按照足球比赛规则行事，便触犯了生活的许多禁忌。他殴打、枪击记者，招妓吸毒，与黑社会组织不清不白，与国际足联闹对立，另立山头企图分裂国际足联成立什么球员工会，因而几次入狱，几次释放，屡遭禁赛又屡屡再犯，成为彻头彻尾的"坏小子"。马拉多纳的过错是将足球竞赛的规则在现实生活中演练了一遍，惹下了无数的祸殃。若不因他是世界球王，恐怕连性命都难保。可见足球的运动规则与现实生活的规则是相悖离、相对抗的。足球本身像一出舞台剧，帮助观众去实现、宣泄某种生活所不能容纳的激情和理想。有趣的是，马拉多纳这个全世界的邪恶明星，却得到了古巴总统卡斯特罗的青睐。在马拉多纳走投无路之日，卡斯特罗亲自召见，接到古巴奉为上宾，名义上是帮马拉多纳疗毒治病，实际上是英雄惜英雄。卡斯特罗在马拉多纳身上找到了某种同构，看到了自己的血液在流淌，暴力的马拉多纳是卡斯特罗暴力理论的忠实范本。卡斯特罗看到了足球的本质，足球的本质是以革命的暴力对付反革命的暴力。

卡斯特罗对足球和球星的钟爱带有某种意识形态取向，他之所以欣赏马拉多纳在于这位球星对西方价值观的彻底否定。那么更多的球迷对足球的迷狂则缺乏明确的价值取向，他们只是欢呼足球运动规则对现实秩序的颠覆。足球运动屡生暴力事件，英格兰足球场惨案成为20世纪历史上触目惊心的一幕。1998年法国世界杯赛德国足球流氓疯狂殴打法国警察，更是骇人听闻的事件。足球滋生暴力，足球滋生流氓，已经是不争的事实。由于足球本身与暴力结伴，球迷闹事也就不可避免。

由于足球运用了合理的暴力，所以球员在球场上的一些小节也就被忽略。虽然现在对球员脱去上衣的举动处以黄牌警告，但所有的球员都有"随地吐痰"的习惯。英国球星莱因克尔征战绿茵场近二十载能够绅士得不领一张黄牌，但他还是会当着全世界几亿人的面往草地上吐唾沫。足球运动员在比赛中吐唾沫或许是一种生理反应，但当众吐痰是极不文雅的行为，是对公众文明的亵渎。可在足球场上却是司空见惯、习以为常，甚至还常常爆发球员之间的口水大战。球迷也不甘示弱，全国各地的甲A、甲B的赛场几乎是"省骂""市骂"的大合唱，北京工体通过CCTV的直播将京骂"傻×""牛×"传向全国，而南京五台山体育场"呆×"的吼声，我在遥远的河西都能听到。这些野蛮的言行，在日常生活中只有在吵架、殴斗等暴力冲突时才会出现。

球迷看球是为了宣泄情绪，足球场变成了口水街，几万人同声高唱"省骂"和"市骂"已成为一道足坛风景。这些在日常规则中属于禁忌的言行某种程度上是对足球魅力的一种补充。没有球迷，就没有球星，没有球星，就没有足球。足球运动本身为球迷提供了充分表现的舞台。球迷打架、球迷砸人、球迷纵火乃至球迷杀人在警察那里总会得到相对轻一些的发落和处置。主场的球迷爱闹事，多半与警察的宽松有关系，主场火爆的下面潜伏着暴力的急流。

到现场看球的球迷大多有着强烈的表演欲和暴力释放欲，在电视机前看球的球迷则有一种窥暴欲在起作用。窥淫欲是一种病态，窥暴欲则可能是健康机制所要释放的。1991年海湾战争爆发时，几乎所有的电视台都兴高采烈，因为这意味着在一段时间内收视率可居高不下。1999年北约轰炸南联盟，电视台新闻的收视率几乎都增加了10个百分点。人们在确认战争的性质（正义或非正义）之后，更关心战争的过程。过程是激动人心的，足球作为一场没有硝烟的战争，会比冷兵器时代的武侠小说更为精彩，不仅不是虚拟的生活，更重要的它是不带任何兵器的肉搏，又是脚的施暴艺术，锁定那些窥暴者的目光也就很自然了。

或许可根据窥暴的程度为球迷定个级：

超级球迷，窥暴狂。

高级球迷，窥暴癖。

一般球迷，窥暴欲。

窥而不暴者，是球迷。

又窥又暴者，足球流氓也。

E

足球潜藏着诸多暴力要素，人们如此迷恋足球与人们的暴力崇拜欲有关。暴力或许是人类与生俱来的一种素质，人类最初的施暴可能是用于生存，用于防卫。当人类遭到野兽攻击时，人类必须以暴制暴，这个时候的暴力是正义的。野兽要吞噬人类的生命，野兽要用暴力消灭人类，人类不可能和它讲和，只有杀死它人类才能发展衍生。当然，这里还有暴力级别的抗衡，只有人的暴力大于兽的暴力时，暴力的正义性价值才能实现。当人的暴力能够充分制服野兽之后，便出现了狩猎这一生产方式。人类的祖先在没有能力制造武器时，对野兽是没有能力施暴的，人类只能进行简单的刀耕火种来维持生存。如果没有弓箭、刀剑、火药的发明，人类也许至今还是素食主义者。但有了弓箭、刀剑、火药之后，人类开始射杀、屠戮动物，暴力升级了，已经超越了生存的层次。部落在狩猎时除了果腹之外，还有一种精神需求，这就是英雄崇拜。最早的英雄肯定诞生于人与野兽的恶斗，因为我们至今仍听到这样神奇的传说,"周处除害""武松打虎"等都表明英雄是与野兽联系在一起的。而"西班牙斗牛"这一古老的民间风俗流传至今,并得到各国人民的喜爱,就在于它拥有浓郁的正宗的英雄色彩。斗牛士们手持利刃与暴戾凶残的困兽作生死之斗,是古典英雄大显身手的经典场面。只有这种血腥的厮杀才能够显示出英雄的本色来,没有暴力,就没有英雄。

人与动物的对抗以动物的溃退被渐渐冷落,到后来就发展为人与人的对抗,就出现了暴力的最高形式——战争。战争中大量生灵涂炭,一将成名万骨枯。我们在欢呼英雄诞生的同时,往往会忘记那些死去的生灵。但战争又从另一个方面促进了人类社会的进步,推动了文明的发展,也就是历史学家常说的,战争是历史的杠杆。战争是一种暴力对另一种暴力的制服,英雄则是运用暴力出奇制胜的高手。人类可以没有战争,但人类不可能没有暴力。人类制定的法律便是暴力的一种合法使用,国家专政工具是用来捍卫法律的尊严的。

但是在和平的年代里,人们渴望比日常生活更有戏剧性的英雄出现,因为在英雄身上凝聚着许多的冲突和对抗,而这些冲突和对抗往往会意识形态化。古巴丛林英雄格瓦拉至今仍被一些人提及,并不是要真的模仿他的生活方式,而是他身上的那股草莽气息和英雄本色具有炫目的光晕,他一心一意执著于暴力革命的理想,在苍白的日常生活里是一股灼人的烈焰。上世纪六十年代发生于法国巴黎的"五月风暴"就是由语词的暴力转向行为的暴力,这场以语词颠覆和语词暴动为思想基础的学潮最终走向了暴力革命,后来引起了思想界的反思。

暴力话语天然有一种迷人的魔力。在部队里长大的作家朱苏进说,"最优美的最危险",这是他对强杀伤力武器的认识和理解。暴力话语本身就是一种武器,具有很强的杀伤力,它在白热化的阶级斗争和民族矛盾中屡屡发挥巨大的作用。几乎所有暴力话语都带有强烈的煽动性和迷惑力,而平和的常识与普遍的规律往往都是最令人乏味的。

暴力话语必然是一种宏大叙事。施暴者必然要做出一副真理在握的架势。当年希特勒的演讲被戴上真理的光环,迷惑了一大批的德国人,他的演讲气壮如牛,煽动人心,但最终却把国家民族带入灾难的废墟。暴力必定制造废墟,但废墟在形成过程中爆炸的一瞬间所迸发的辉煌也会产生一种激动人心的悲壮美。

F

足球也是一种暴力话语。

观看足球赛更像一场集会,手持小喇叭,高举小彩旗,拉拉队在"托儿"的召领之下掀起一阵又一阵的"墨西哥人浪",锣鼓喧天,鼓手亦着上身,头扎标语,活像古典祭祀的场景。

但足球比赛终究是一场虚拟的"战争",而且在足球比赛中意识形态的因素被降解到最低点,特别是在欧洲,足球比赛已成为另一种"新经济"。人们的暴力崇拜被巧妙地纳入到市场化的操作之中。球迷支持心中的球队,崇拜心中的明星,前提是必须掏钱买票,看电视球赛也要忍受接连不断的广告。至于俱乐部所生产的产品,更是肆无忌惮地赚取球迷的钞票。

暴力本是与意识形态紧密相连的,人们的暴力崇拜欲是由于意识形态给予施暴者一个正义的前提。而今,暴力却被市场经济这只无形的手利用了。球星是城市英雄,是青春偶像,但球星更是亿万富翁，更是金钱巨子。球星与古典英雄已经有了质的变化，古典英雄是除暴安良、一身正气、视金钱为粪土的楷模。武侠小说里的古典英雄无不轻商，无不贱利，所谓的侠义心肠除了助人为乐之外，更重要的一点是重义轻利、无一点铜臭。而现今人们崇拜的这些英雄明星无不是宝马香车、一宵千金，正好是古典英雄所歧视的那种武林败类。贝克汉姆、罗纳尔多、马拉多纳等足球巨星所拥有的财富远远超过一般的实业家和金融家，他们靠自己的双腿开掘了一座金库。保险公司为罗纳尔多双腿承诺的保险金额足以赈济一个非洲小国灾民一年的生活。贝克汉姆一家险遭劫持，便是当代英雄与古代英雄的错位。《水浒》里的英雄为了正义去劫持生辰纲，而当代的足球英雄却成了现代绿林劫持的对象，委实是一种深刻的反讽。

与足球同样享有广大受众面的是武侠小说。武侠小说也是一种暴力话语，武是一种暴力，而侠是暴力斗争中的英雄。武侠小说通过展示武林的种种血腥和阴谋来满足读者的施暴欲和窥暴欲。武侠小说是纸上的足球联赛，而足球联赛则是武侠小说在现实中的演绎。武侠在小说中杀人如麻，而足球则是以球"杀人"，争夺联赛的冠军便是要成为江湖霸主，便是《笑傲江湖》中任我行的"千秋万载，一统江湖"。影视中的武打片、暴力片经久不衰，也是因为暴力这个永恒的主题拥有持久的收视率。金庸的武侠小说能够风行海内外，其魅力所在不言自明。金庸的版税收入恐怕十倍于王朔，百倍于王蒙、余秋雨，千倍于余华、苏童，即使诺贝尔文学奖得主的稿费也难与之匹敌，这就像足球明星、拳王的收入要比跳水王子、皇后的收入高得多一样，暴力的"收视率"远远高于优美和抒情。在意大利，足球产业已成为该国国民经济

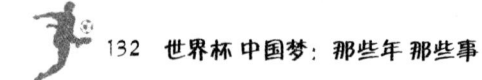

的三大支柱之一。

　　暴力在脱离意识形态之后，必定被商业市场所利用，它永远是一个卖点。而意识形态在缺乏暴力的激情之后，必定是软弱的。

（大家杂志·多维游走　2001）

世界杯与后意识形态空间

比联合国更权威的 FIFA

世界的概念对生活在地球上的人来说，就是覆盖我们所有空间和时间的一个巨大指称。比世界更巨大的概念是宇宙，宇宙的无边无际也只是存在于地球人的理念之中。世界自然便是人类生活空间的全部涵括，世界性的组织机构自然也是人类社会的权威机构。然而，现实并不像逻辑推理那样简单明了，世界上各种各样的国际性组织也就不见得都有至高无上的权威和权力。它有时候更像联谊会一样松散，因为世界上各个国家、地区的政治、经济、文化、宗教、人种甚至饮食的差异，往往会导致这种国际性组织决策时顾此失彼，如果再加上各自的意识形态在作祟的话，这种国际性组织很难顾及所有成员国的利益，因而它的权威性受到限制也就是很正常的。

有权无威、有令不行的现象在国际上是常有的事，最明显的要数联合国这个最宏大叙事的机构。联合国作为世界各国的联合组织机构，理应拥有足够的权力和不可藐视的权威，事实上，联合国在处理国际事务当中，也曾经发挥过这种权威作用。但在不少的时候，联合国的权威却受到了嘲弄和挑战，比如在一些敏感地带，不仅联合国的法令不能得到执行，甚至它派出的观察员和维持和平部队的人员都难以全身而归。因此，早在20世纪70年代初，中国加入联合国之后首次参加联合国大会时，中国代表团团长乔冠华就宣布联合国是一个过时的机构,言惊四座,倒也道出了几分真情。

或许联合国有太多的政治色彩,或许联合国容易被一两个超级大国操纵,因而它的权威性受到挑战也是很正常的事。但是国际足联的权威性却远在联合国之上。国际足联对所属各协会的领导像一个威严的皇上对子民一样至高无上,国际足联的每项决议都能够不折不扣地执行,在世界的每一个角落、每一个民族都不例外,没有人用地域的、文化的、民族的、宗教的差异来进行篡改。虽然联合国拥有动用军队的权力,但联合国的命令却不如国际足联的命令落实得好、落实得快,没有任何武力的国际足联对属下发号施令像军队的司令部一样,军令如山倒。比如伊拉克,对联合国的各种决议从来是软顶硬顶,明抗暗抗,甚至在经历海湾战争的残酷打击之后,对联合国的"命令"也是软泡硬拖,不到万不得已也不会让步。但伊拉克对国际足联甚至亚足联的决议,却一点脾气也没有,可以说言听计从,要它禁赛就禁赛,要它参加什么样的分组赛就参加什么样的分组赛,没有丝毫的抗拒,与它对联合国的态度形成了巨大的反差。其他国家对伊拉克的态度也是如此,虽然联合国对伊拉克实行种种制裁,但还有一些国家变换着花样偷偷地与伊拉克进行某种经济活动和交易。而在足球问题上,从来没有人敢和遭国际足联禁赛的伊拉克队、南斯拉夫队、朝鲜队比过赛。

这并不是说国际足联这个国际组织如何纯洁、公正,事实上它和任何一个国际组织一样均有偏见,具有浓厚的意识形态色彩。最近国际足联主席布拉特和欧洲足联主席约翰松之间争权夺利的斗争,就颇为阴暗、肮脏。国际足联还是联合国的"帮凶",

1992年欧洲杯赛中本已获取决赛资格的南斯拉夫队，因为有联合国的制裁令，国际足联和欧洲足联活生生地剥夺了南斯拉夫参加决赛的资格，后来顶替南斯拉夫队比赛的丹麦队获取这一届欧洲杯的冠军，兵强马壮的南斯拉夫队只能作壁上观。国际足联的绝对权威让人羡慕又让人不可思议。

游戏的超越性

是什么原因让国际足联拥有如此说一不二的权威？它没有武力，不能动用军队；它没有经济权利，不能给予参与国很具体的经济实惠。国际足联最有力的杀手锏不过是禁赛，禁止球员参加某种级别或所有的比赛，禁止球队参加某种级别或所有的比赛。禁赛就有那么大的威慑力吗？伊拉克因为入侵科威特，受到联合国制裁以后民不聊生，但伊拉克并没有向联合国低头，并没有执行联合国的游戏规则。相反，伊拉克人非常在乎自己球队在世界杯赛上的位置，特别遵守国际足联的游戏规则。1993年海湾战争刚刚结束，伊拉克人甚至被剥夺了主场作战的权利，所有的比赛都被安排在美国人的盟友日本举行，而伊拉克人居然也接受了这种不公平的待遇，并企图冲进决赛圈。奇怪的是伊拉克人在其他方面一直与美国为首的国际组织为敌，但在足球上、在国际足联面前，他像一个乖孩子、好学生一样，一点也不调皮。国际足联最大的处罚也就是禁赛，被禁赛对伊拉克人民的生活没有半点妨碍，对伊拉克的政治也没有任何损失，比之联合国的制裁，实在是九牛一毛。不仅伊拉克，其他联合国的"逆臣"们也看重这"一毛"。虽然马拉多纳屡次向目际足联挑战，但真正响应者寥寥，各国首脑避之如瘟疫，而受国际足联青睐的贝利、贝肯鲍尔、普拉蒂尼等每每出访都能受到各国人的欢迎。唯一给予马拉多纳上宾礼遇的是古巴总统卡斯特罗，而古巴的足球名不见经传。

足球比政治更重要吗？

足球比脸面更重要吗？

游戏有时高于政治——这就是国际足联给予的启示。足球作为一项体育运动，说到底是一项游戏，但一项游戏到达极点时，像世界杯这种伟大的经典的游戏，就产生了非游戏性，也就是说意识形态性就暗暗滋生。体育是游戏的产物，也会成为政治的载体。这就是为什么一些国家对西方社会的政治、经济、文化不屑一顾，却愿意在体育如足球上和西方人按照同一游戏规则同场竞技。也正因为这项游戏本身是空白的意识形态载体，不同的国家和民族都可以灌输自己的政治内涵、民族意志。在一些已经被西方意识形态格式化了的国际组织中，你所有的反抗也只能强化它固有的意识形态，而世界杯却是一个可以更新的意识形态载体。1986年的世界杯，正是在英国与阿根廷的马岛之战之后，在马岛之战中阿根廷人虽然击沉了英国人的军舰，但由于军事力量的悬殊，阿根廷最终还是失去了马岛。两国球队在世界杯赛场上相遇，可谓冤家路窄，正是仇人相见，分外眼红。在战场上失意的阿根廷人在一代球王马拉多纳的带领下，成功地击败了英格兰，尤其是马拉多纳带球连过英队5人直捣龙门的神奇举动，一扫马岛之战给国人带来的颓气，振奋了阿根廷人的民族自信心。马拉多纳和他的队友因此成为阿根廷人心目中的英雄。足球这场游戏带给国民的愉悦和自豪感有时候足以和一些战争相比。

这也正是一些被西方人视为眼中钉的国家为什么置联合国制裁而不顾却把国际足联的禁令奉为圣旨的原因了。足球的意识形态内容为一些国家特别是经济不发达的国家提供了极大的方便。各国喜爱足球的原因还在于它的意识形态负面效应能缩小到最小的范围。比如1986年世界杯赛上的英阿之战,胜利了的阿根廷人趾高气扬,而没能获胜的英格兰人的民族自尊心并没有受到挫伤。英国人知道那只是一场足球赛,并不是一场战争。1998年美国世界杯赛上,美国人与政治上的宿敌伊朗队在小组赛里相遇了,两个对峙多年的国家用这样的方式交锋,引起了各国媒体的极大关注。最终伊朗人以2∶0击败美国队,美国队的队员称这只是一场普通的比赛。比赛完了以后,两国队员还友好地交换了球衣,甚至有人将此称作美伊关系解冻的契机。

获胜的球队往往获得民族英雄的盛誉,而被打败、被淘汰出局的球队并不会为此而丢国人的脸。2002年世界杯赛上阿根廷、法国队在小组赛中铩羽而归,阿根廷人流下伤心的泪,法国人也陷于悲痛之中,但没有人因此去怀疑这两个国家的民族精神和民族意志,两个国家在政治上也不会失分。同为亚洲球队,韩国队以顽强的意志挺进了四强,无疑树立了韩国人在世界上的新形象,但沙特队并不因为连吞八蛋就影响它的国家在整个国际社会的形象,石油大亨们的富相也不会大受损害。同理,中国足球队在世界杯净输三场、一球未进也丝毫不能影响到中国在国际社会的地位,它只表明足球还是中国人的一门体育弱项。中国的体育解说员可以拿乒乓球去和巴西人比,这倒不是阿Q精神,而是就体育而言体育,足球和世界杯是不承担意识形态文化符号功能的。

这就是足球的奇妙之处,这就是世界杯的超越性。可以说参加世界杯是一项不蚀钱的买卖,赢了,扬国威,振民心,颂民族;输了,只是游戏,只是原本的体育精神,与民族的优劣、国家的兴衰无关。

当然，足球承担的意识形态毕竟有某种虚拟性，巴西足球称霸全球，并不代表巴西在国际社会中拥有主流话语权，更不是超级大国；相反，最不重视足球运动的美国却是真正的超级大国。

"足球党"与红魔强国梦

足球胜利对提升一个国家和民族的自信心的效力有时是无可估量的。作为2002年世界杯东道主之一的韩国在本届世界杯上的收获是丰硕的。《足球》报记者郭先春说："本届世界杯带给韩国社会的极大影响，以及在政治、经济、外交、国民精神等方面带来的巨大变革，则是有目共睹的。和这些成就相比，足球队的成绩反倒显得仅仅像是一个刺激点，其本身的意义只在其次。这届世界杯，让韩国的国家发展计划提前了五年，被认为将让韩国的国家品牌由世界第三十位，一跃而跻身世界前十二位。韩国政府和经济界人士甚至雄心勃勃地提出计划，要让韩国的经济实力借世界杯东风，跻身世界前四强。"郭先春预言："历史将见证，足球这项游戏，在21世纪初的韩国，促成的是整个社会的变革。"

世界杯对韩国社会能否产生巨大深远的影响，能否促进社会的变革并推进韩国的历史，现在可以预言但不能断言，但此次世界杯委实点燃了韩国人的强国热情，也再次证实世界杯具有强大的意识形态凝聚力。以往韩国被不同派别的政治家分割，形成了不同的势力范围，因而韩国的政治很难拥有统一的号召力，"在我的记忆中，韩国人从未这么爱国，通过足球这个玩意儿，全体韩国人终于团结起来了"（韩国媒体评论员语）。在韩国流传这么一种说法，2002年6月22日，韩国队打入四强的这一天，韩国便出现了一个新政党——"足球党"，因为足球成了团结所有韩国人的纽带。这个虚拟政党的领袖是希丁克和全力支持希丁克的韩国足协主席郑梦准,他们在韩国民众中受欢迎的程度,是任何一个现役的政治家都无法比拟的。这或许应了我前面所说的"足球大于政治""游戏大于政治"的说法,因为所有的政治都不能愉悦百姓而又提升民族的精神,而足球做到了这一点,所以希丁克和郑梦准便受到了广大民众的拥戴,狂热的韩国民众甚至要求希丁克担任韩国总统。把足球主教练与总统相提并论并不是韩国人首创,早在1994年时英国人查尔顿带领爱尔兰队取得不俗战绩时,爱尔兰的球迷就呼吁全国的民众选举主教练查尔顿担任总统。球王贝利在巴西国内也多次被人要求参加总统的竞选,可见足球是极容易被泛政治化的。韩国人的足球热情甚至超越民族、国界甚至洲际的限制,希丁克是欧洲的荷兰人,可韩国民众没有了皮肤和人种顾忌,要推举这么一个异族人任自己祖国的总统,足球的胜利超过了一切障碍。

希丁克参选总统的可能性很小,但推荐希丁克并全力支持希丁克的韩国足协主席郑梦准却有希望成为总统最有力的竞争者。有政治评论家估计,只要郑梦准成立一个新的政党,它在12月开始的大选中极有可能脱颖而出。尽管郑梦准还没有明确表示参加总统的竞选,但最新的民意调查中郑梦准已被排在总统竞选者的第三位。在两家报纸6月17日公布的调查中,郑梦准的支持率分别达到了18.7%和15.3%,比6个月前增长了5倍,请注意,这个时候韩国还没有进入四强。郑梦准的支持者并非都是"红魔",而是包含了各个年龄和多个领域的人,这说明足球巨大的政治超越性,也说明郑梦准将韩国带入新的政治理想之中。

"足球党"的政治凝聚力也许是短暂的,但韩国人通过世杯提升了在国际上的形象。1997年亚洲金融危机期间，韩国百姓踊跃捐献家里的黄金，帮助政府渡过难关，在国际上留下了极为深刻的印象。而这一次韩国队和韩国"红魔"球迷的优异表现，是对1997年韩国形象又一次完美的提升。在世界杯期间，有2000多万人次的群众上街游行，但激情并没有导致暴力，没有发生骚乱和安全事故，与欧洲的一些国家屡次发生足球骚乱形成了鲜明的对比。

韩国人的国民性格在世界杯上也发生了变化，最典型的便是他们对红色的钟爱。整个世界杯期间，整个韩国成了一个"红海洋"。韩国以前的"颜色图腾"是宁静、内敛的白色，而现在将红色作为民族性格的象征，本身就是一种自信、向上、争强的国民精神体现。韩国"红魔"球迷给世界杯留下了一片红色的海洋。

"足球党"的说法也许带有调侃意味，但说明世界杯在韩国人心中激起的那种民族的自豪感和自信心已经超过一两个政党的地位。足球能否强国，可能是难以回答的问题，但足球被意识形态化之后便拥有了特别的涵义。都说世界杯是一场没有硝烟的战争，韩国人在此次世界杯大战中赢得了胜利，他们的胜利与战场上的英雄凯旋是同一级别的。

我们通过对韩国人在这一次世界杯上种种变化的认识，可以看到足球是怎样一步一步地被意识形态化的。如果追溯韩国与日本争办2002年世界杯主办权的历程，就会更清晰地昭显其意识形态色彩。韩国人在申办世界杯时与日本人平分秋色，在本届世界杯小组赛上，又与日本人一起挺进十六强，但在其后的赛程中，日本人止步不前，韩国人却一直冲进四强，在日韩两个老冤家的竞争中，韩国人历史性地战胜日本。

能激起韩国人民族自豪感的原因，还有历史的缘由。早在1966年，朝鲜队也曾经击败意大利队挺进八强。亚洲球队在世界杯上两次由同一个民族的球队有所建树，以至韩国媒体用"重现1966""金主席，下一次让我们并肩作战"这样的标题表达"本是同根生"的兄弟之情。

当然，足球的胜利也可能被夸大，被意识形态泡沫化。韩国人想在经济上进入世界四强的设想便是被足球宏大叙事之后构筑的乌托邦。足球在意识形态方面有它的特殊效应，但足球水平不是综合国力的体现，世界杯成绩与国家的国际地位更不成比例，世界杯能激活一个国家的经济增长的动力，但并不是一个国家腾飞的翅膀。

足球诱发"后东方主义"

韩国人的胜利是亚洲人的胜利，也是东方人的胜利。当然韩国人的胜利，也招致诸多的非议，这些非议大都是对韩国人胜利的不服气，对韩国足球进入四强的不满意。一时媒体广为渲染，乃至认为整个世界杯都贬值了，关于黑哨、裁判、阴谋的种种猜疑四起。这些舆论当中，有一些是来自韩国队对手的媒体，像葡萄牙、意大利、西班牙的媒体大肆夸张裁判的不公正，大肆宣传国际足联与郑梦准的"阴谋"。这很正常，一是失败的一方总是为自己找理由；二是韩国队本不入流，这一次踢得这么好肯定有"猫腻"，心理上会把自己的失败归结为对方的舞弊。

让我感兴趣的是中国媒体和日本媒体的反应。日本媒体发过这样一条消息：如果韩国队进入决赛，日本人将拒绝韩国队入境。这当然只是一种态度，按照赛程的规定，韩国人真的进入了决赛，日本人是没有理由拒绝韩国队进军横滨的。很显然，日本人对韩国人的胜利是有些难受的。这种难受是由于一种嫉妒，出于心理不平衡，因为韩、日同时举办世界杯，日本队只进入十六强而韩国队却超水平发挥，进入四强。日本人心里酸着，拒绝入境便带有一种仇恨的心理，这或许是最经典的东方式的嫉妒。

日本人的嫉妒、愤怒乃至仇恨，还是可以理解的，但中国媒体的反应就有些出人意料。在韩国人进入八强、四强之后，中国的媒体几乎异口同声地用各种各样的腔调来挖苦、讽刺、嘲笑韩国人的历史性突破，最著名的观点便是央视一主持人的"小人得志论"。作为韩国人的近邻，中国人对韩国人在世界杯的出色表现应该欢呼、激动，虽然中国足球队在首次进入世界杯吃了9个蛋、零得分、零进球，但也不能怨韩国人打得好，把韩国人的顽强拼搏精神视为"小人得志"。

诚然，韩国足球队在本次世界杯上的优异成绩与天时、地利、人和是分不开的。作为东道主，韩国人得到便宜不是第一家，也不会是最后一家。1986年墨西哥举办世界杯，凭借天时、地利、人和进入了八强；1998年法国世界杯，法国第一次获得世界冠军，捧走了大力神杯，虽然有实力的因素，但与地主之利关系极大。在这之前，法国队多次有问鼎世界冠军的实力，就因为缺少那么一点点的"便宜"，让一代球王普拉蒂尼扼腕长叹。人们没有指责1998年法国队利用主办国之利挤走巴西获得世界冠军，却对韩国的第四名嗤之以鼻，说到底还是一种"后东方主义"的思维在起作用。

赛义德的东方主义揭示了西方对待东方文化的误区，西方人总是按照某种想象的"东方"来看待东方、对待东方。西方人的东方主义又反过来影响了东方人的思维,"他者""被看"便成为东方的景观。应该说,东方主义仍根深蒂固地存在于西方人的意识形态之中。后东方主义则是由于东方受西方文化的影响而滋生出来的一种价值系统,像央视主持人由于平常担任欧洲联赛的解说,他们的立场会自觉不自觉地以欧洲为正统,其他的如韩国、塞内加尔当然是异类,他们打败了正统,胜利自然是名不正言不顺,不是国际足联的阴谋,就是黑哨。这种偏见是典型的后东方主义的错误。

后东方主义在"冷战"结束之后会有更大的市场。在一个全球化的信息时代,西方文化以强势进入,肯定会影响我们的人文观念和价值取向,这种潜在的渗透会销蚀掉很多的民族主见。西方的意识形态在全球化的话语中获得主宰的地位,或许,这正是发展中国家最大的困惑,就像足球一样,西方人制订的游戏规则,你想战胜对方,就必须遵循对方制订游戏规则。在这样的意义上,韩国人,整个亚洲人,甚至整个东方都不可能拿到世界杯冠军,这是足球的深沉的意识形态。

(大家杂志·多维游走 2001)

啊！足球

没有硝烟的"战争"

第二次世界大战结束50多年了，虽然第三次世界大战并没有爆发过，但世界上的战火并没有真正停熄过，总是有局部的战争在发生，这是因为人类出现之后，总需要战争来保持"生态平衡"，来刺激科技和经济的发展。但战争是残酷的，它是以无数人的生命为代价的，人们憎恨战争，憎恨世界大战。

但有一种"战争"却让人鼓掌欢迎，这就是世界级别的足球赛，像世界杯、欧洲杯、美洲杯等高水平的比赛，都是伟大而美丽的"战争"。在这样伟大的战争空间里，人们尽可以把自己多余的能量和极度表现自我的欲望尽情地释放、宣泄。英阿的马岛之战，阿根廷最终丧失马岛，可阿根廷球星马拉多纳在世界杯上连过"英军"四人直捣龙门的英姿让英格兰人望其项背，甘拜下风。在世界杯这场不流血的战争中，个人的愿望，国家的愿望，地区的愿望乃至洲际的愿望被划分得表达得明明白白、清清楚楚。记得1994年世界杯上，当韩国队在小组赛上踢平西班牙时，整个韩国沸腾了，整个亚洲都沸腾了，连当时的中国足协副主席陈成达都激动地宣布这是"亚洲足坛的荣誉"。为了让亚洲在世界杯上获得更多的席位，亚足联全体成员国以全体退席的方式抗议国际足联的领导机构，除了足球，恐怕难再有其他的外交活动让亚洲各国如此心齐，如为此步调一致听指挥了。

这太有意思了。虽然人们再三宣告体育只是体育，足球只是足球，没有意识形态和政治内容，但世界杯足球大战显然包含了远比体育更为丰富的政治、经济、文化和种族的内容。1994年的世界杯在美国举行，和美国人不共戴天的伊拉克人要求足球队冲出亚洲，视打进决赛为"进入美国国土"的"军事行动"和"政治战争"，这似乎成了海湾战争的延续与变奏。

足球在这样的意义上似乎"拯救"了人类，它用虚拟世界大战的方式将各国所蕴积的种种恩怨以足球比赛这样特殊的渠道释放出来，虽然不能彻底消除战争的隐患，但至少可以缓解推迟战争的发生，更重要的是在高科技的时代，战争也愈来愈高科技化、愈来愈核武器化，战争这个怪物已经具备毁人类于瞬间的超常破坏力，在半个多世纪内没有发生世界大战，与原子弹这一类可怕的毁坏力有关。而足球大战则是人类最初战争方式的回归，没有武器，没有硝烟，没有死亡，人只有靠自身的身体力量和技巧去赢得胜利打败对方，这不仅是战争的回归，也是人的回归，是人回归自然的至境。

地球村的"世界语"

2000年6月10日欧洲杯隆重开幕，开幕式的主题名为《足球无疆界》，道出世界足球运动的一个特点。足球运动能够迅速普及，就在于它能够消除种种人为的隔阂和障碍，没有任何一种宗教像它这样被各国人民无条件接受。

1840年鸦片战争打开了中国的国门，外国传教士便陆续来到中国进行传道。100多年来，这些传教士不能说不艰辛，不能说不虔诚，但基督教在中国并没有能够广为传播，强大的传统文化对洋教不买账，不认同。现代足球的发源地在英格兰，英国人并没有刻意去传播它，如今已风靡全球。足球对国人来说也是"洋人"的玩意儿，但未经洋人的传播，在中国已经生根、发芽、开花、结果。随着足球职业化的展开，中国球迷人数与日俱增，足球的电视观众全球第一。

2000年的初夏，欧洲足球锦标赛风风火火地在欧罗巴大地进行，这本是欧洲人的狂欢节。但古老的中国大地却为此一片欢腾，几乎所有的媒体都在狂炒这一赛事，CCTV全程转播。由于时差的关系，中国的球迷们常常熬到清晨来观看电视的实况转播，白天还要上班，可谓劳累不堪，可是球迷们没有一点怨言，反而是兴奋异常。中国人关心远在万里之外与自己无关的赛事，真正超越国家、民族的界限，更说明足球运动的巨大魅力。

足球运动的全球化正说明"地球村"的理想正在变为现实。这是由于足球运动是一种极易传播与流行的语言，是一种真正的"世界语"。想当年波兰人柴门霍夫为了消除国家、种族之间的差异和隔阂，费尽心机创建了"世界语"。遗憾的是世界语由于是人造语并没有能够广为流传，而足球则跨越了柴门霍夫所憎恨的那些差异，成为人类进行沟通和交流的共同语言。

由于足球运动在国际间、民族间的交流没有障碍，这种文化符号受到人们的普遍欢迎。足球在俱乐部的老板，球队的球员，介绍足球的媒体，狂热的球迷，最能理解"地球村"这个名词的真正含义。在足球场上，两个陌生的球迷只要钟爱同一支球队，几秒钟内便成为"同志"，成为铁哥儿们。在这个领域里所实现的宣言、章程、条约、规则和裁判法，是沟通这个"地球村"，维持其和睦生存的"语法"。国际足联恐怕是全世界最具权威的国际性组织机构，它的令行禁止令联合国这个政治性组织机构常常羡慕不已。

足球运动是一项平等的运动，富得冒油的欧洲国家与贫瘠的非洲穷国可以在一起角逐，在一起竞争，平等对话。"黑非洲小子"维阿与英俊酷哥贝克汉姆同样可以荣膺欧洲足球先生的称号，敌对多年的美国和伊朗，在15届世界杯上两国球队狭路相逢，也没有出现人们想象的仇人相见分外眼红，只是无数场比赛中的一场正常比赛。足球消解了政治、经济、文化的诸多鸿沟，真有点像天下大同的乌托邦。

共同的游戏规则又让球员成为对国家忠诚、对民族奉献的代表。他们拼体力、拼技术、拼意志、拼智慧，在他们身上总要表现出一种极高的献身精神和英雄主义气概。他们不仅成为球迷的追逐对象，也是青少年模仿的榜样（一些中学生可能不知本国的总统、总理何许人也，但肯定知道国家队的队长、前锋、守门员）。贝利、贝肯鲍尔、马拉多纳、马特乌斯、普拉蒂尼、罗纳尔多不仅成为本国的民族英雄，也成为全世界青年顶礼膜拜的偶像。

在没有战争的年代里，足球明星就是英雄，就是将军，就是神话。

足球与经济

2000年的欧洲杯正如火如荼地展开，人们在为谁能夺冠而猜测不已，几乎每个人都希望自己的祖国能加冕夺冠，球迷们为自己的国家队能取得好的成绩更是煞费苦心，使出了各种为国家队加油的"招数"，不同国家的球迷为自己心爱的母队甚至大打出手。为主队呐喊，为祖国的荣誉而战是每个人的责任。但是，偏偏有人这个时候大声疾呼，自己的国家队千万不要夺冠！他们呼吁全体队员"以国家利益为重，别一门心思要夺冠"。其情之切，比之球迷们夺冠的渴望还要迫切。

在人们普遍将足球的胜负与国家的荣辱联系在一起的时候，居然有这样的"卖国贼"，很是奇怪，更为奇怪的是，疾呼者正是本届欧洲杯大赛东道主之一的荷兰人，当然不是荷兰的球迷和足协，也不是新闻界，而是冷静的荷兰的经济学家。经济学家们指出，如果荷兰队在本届欧洲杯赛上如愿捧得德劳内杯，将会导致国内经济发展过热，从而引起经济上的一连串不良反应，影响社会的正常发展秩序。这一结论建立在业内人士多年的专业研究基础之上。1996年德国队在夺得欧锦赛冠军之后，迎来了3年的经济疯长期，而法国自在国家队夺取1998年世界杯冠军后，国民经济持续高速发展。荷兰经济学家据此作出结论，占尽天时、地利、人和的荷兰一旦夺冠，会让本已保持良好发展态势的荷兰经济发生急速增长，为通货膨胀提供了最适宜的温床。而让其他经济增长缓慢的国家夺冠，会促进整个欧洲经济的均衡发展，为欧洲的共同繁荣创造机会。

从经济学的角度看待足球，并不是这些荷兰经济学家的创举，也不是一种研究的视角，而是足球运动从最初的竞技游戏功能已转化为新兴的产业，已成为一种新的经济增长点。著名的意甲联赛是足球运动产业化最典型的范例，意甲效益在整个意大利经济中占据了举足轻重的地位，已成为意大利经济的栋梁产业。荷兰阿贾克斯足球俱乐部是著名的"造星工厂"，他们每年向全球各大俱乐部输出的球员，获取了极为可观的利润。每届世界杯的主办国，都会获得较大的经济效益。像国际足联更是富得冒油的组织，和穷酸的联合国机构相比，有天壤之别。

足球运动的发展刺激了诸多经济行业的发展，旅游、交通、饮食、建筑等都围绕足球做足了文章。建筑与足球的关系也许不容易让人忽略，世界上最大的建筑物都是足球场。巴西里约热内卢的足球场是世界上最大的建筑物，可容纳29万人。北京最大的建筑物是今天看来已经嫌狭窄的工人体育场，也能容纳8万人。建筑本身带动了一连串经济活动，而球场建成之后的经济效益更为明显。

在中国，每个周末在甲A、甲B赛场周围，能直接目睹足球运动带来的商业热潮。三步两步之内，有卖小旗子的，有卖太阳帽的，有卖小喇叭的，有卖矿泉水的，有卖望远镜的，卖牛肉的，卖面包的……如果下雨，那就更热闹了，卖雨伞的，卖雨衣的，卖雨帽的……本来已经"门前冷落车马稀"的旗帜店，近年来随着足球热的兴起，又重新"焕发了青春"，他们向球迷出售旗帜、标语，生意很是火爆。

当然，这些只是小的商业活动，而电视转播带来的经济运作使足球运动的商业价值更为明显。一届"世界杯"足球赛，全球观看的人次不下30亿；中国的一场甲A联赛，最高观看人数在1亿以上。这对为收视率绞尽脑汁、黔驴技穷的电视业来说无疑是救命的稻草。媒体争夺世界杯的转播屡屡大打出手，正说明足球运动本身具有较高的含金量。

近年来人们将IT业称为"新经济"，因为它不同于传统的经济方式，而足球运动本身也应该属于"新经济"的范畴。足球运动和整个体育运动一样，越来越成为媒体化的经济活动，它也是由传播产生效益的产业运作方式。或许不久的将来，能抗衡IT业的只有足球。

（东方文化周刊 2000.06）

第三辑 门外论道

要说中国足球有多少往事可以重提，甲Ａ肯定是绕不过去的"话说从前"。流水的联赛，永远的足球，十几年前的"吐槽"文章，如今请君笑看。如果非要找出些意义来，那也许是希望老球迷们由此想想我们共同的甲Ａ时代，再没准儿能让小球迷们略知些前人们的当年青春。

献给那些年我们一起看过的甲Ａ！

春天的期盼

　　世界杯无疑是足球的盛大节日，也是球迷的狂欢节。作为球迷，恨不能每天都有世界杯看，然而世界杯足球锦标赛，每四年才能看到一次。这四年中，新王会是谁？廉颇宝刀可老？都是灿烂无比的悬念。四年是一个最佳的时间间隔，每年举办不可能，也没有意义，不然它就等同于联赛。从时间的需求量来说，三年是够了。但正因为有了一年的空白，让人回味，让人心焦，便有了一种等待，便产生了期望的效应，使得如期而来的比赛显得弥足珍贵。我清楚地记得一个高三的球迷，为看世界杯，居然置高考不顾。母亲责问他，他说，高考年年都可以参加，世界杯四年才有一次。四年作为一个轮回，好像是对应一年的四个季节。而即将到来的1998年法兰西世界杯，无疑又是一个迷人的春天。

　　为了备战世界杯预选赛，中国足球队参加了一系列的热身赛。在4月23日的中韩对抗赛上以0:2再度输给了老对手韩国足球队。我已经记不清这是连续多少场对韩的不胜记录了。工体空旷的座位似乎早就说明了这场对抗的结局，要不这一天的上座率怎么会比不上平常甲A联赛的人数？环顾四周，我悲哀地发现，看球者的成员有了一个让人心凉的比例变化，就是青年人的比例在缩小，而中年人和少年、小孩的比例远远超过以往。那些昔日的青年观众到哪里去了？

　　初春北京的街头，四处游弋着青年男女。他们并不全是在谈情说爱，可就是冷落工体这昔日繁华地，让人顿生万千感慨。记得友人说起"工体不败"时的佳话,那时节小伙子约会女友,若多次不成,只要改在工体,女友必到。随着球赛的火热,青年朋友的热情也随之升温,从一般的朋友到同心同德的铁杆球迷,离牵肠挂肚的情侣也就不远了。不知道不败的工人体育场成全了多少前世姻缘,也不知道让人失望的工体又拆散了多少情侣。球场上的胜负荣辱,居然关系到爱情的阴晴圆缺,这是诸多足球文化论者所难以设想的。

1997年春天的和风从我头顶上柔情地吹过,我意识到这是北京短暂春天里最为迷人的气息。工体的草坪虽然没有亚平宁球场的茂绿,然而它意味着又一个难忘的春天已经来临。中国足球的春天何时降临?球迷们心头的冰块已经凝固得太久太久,冲出亚洲的春风快快刮起吧。

诗曰:

京城何处不飞花,

工体春深锁健儿。

国脚迈进法兰西,

绿茵雄起亚细亚。

(门外论道·王干专栏 1997)

特别球迷

　　1977年7月30日北京工体的夜晚，是一个平常的夜晚。可因为一个特别球迷的到来，这个平常的夜晚变得如此的不平静，工体的这个夜晚甚而进入了史册：邓小平同志带着家人到工人体育场去看一场国际足球友谊赛。

　　这是他在1976年1月15日周恩来追悼会一年半之后，与公众的首次见面。这一年多的时间内中国发生了多少惊天动地的事情，而他的复出更是引人注目。1976年的4月之后，他受到"四人帮"的陷害，退出了政坛。粉碎"四人帮"之后，作为"四人帮"的仇敌，他并没有很快就重返舞台。直到1977年的7月，他才恢复了原来的职务，可以说他政治生命最辉煌的时候也即将到来。当然，他面临着拨乱反正的任务也异常艰巨。

　　他以怎样的一个姿态面对这一切？

　　不知道这一独特的出场方式是精心准备，还是随意为之的。但他这一独特的复出方式寓意是深长的。第一，他的出场不是在高高的主席台上，而是置身群众之中，同时并不是以一个领导人的身份去球场讲话或剪彩，而是以一个普通球迷的身份看球，既说明他对足球运动的特别爱好，又表明他是人民中的一员，是"中国人民的儿子"，同时表明是人民选择了邓小平。当然，他重新出山的新闻尚未正式宣布，他依然是一个平民百姓，也就是说这场球赛之后他再没有闲暇也没有可能以一个普通球迷的身份来到足球场了，因而小平同志特别珍惜这么一个机会，这么一个做普通球迷的机会。或许正因为如此，他才可能率先从终身制的岗位退身下来，做一个普通的百姓，做电视机前普通的球迷。第二，人情味。他带家人去看足球，在十年浩劫刚过的那个特定时期是充满温馨的人情味的。第三，对外开放的姿态。虽然只是一场足球友谊赛，但它是国际的，是中国队与国外球队的较量，因为众所周知，当时中国足球的水平与世界水平的距离并不比当时中国经济与世界发达国家水平的距离近多少。邓小平希望能看到的显然就不仅仅是赢的结局，当然还有差距。

更重要的是足球运动是一项高强度的现代竞技运动。小平同志欣赏足球运动，我想他更看重它的对抗性，他应该欣赏它对人能力的全方位考验。如果把政治舞台比作足球场的话，邓小平就是这个场上的灵魂，是能攻善守的多面手。他在一次又一次的高强度的激烈对抗中都能从容自若，处惊不变。作为一个锐利的前锋，他一次又一次突破对方的大门；作为中场队员，又能组织起一次又一次的进攻；作为守门员，在关键时候，他总能化险为夷，瓦解敌手一次次的进攻。因此经历多次的政治波澜之后，这一次至关重要的出场。他选择了足球场，这是一种象征，也是暗示。

遗憾的是中国足球至今还在亚洲徘徊。虽然香港回归他未能目睹，但这一遗愿很快就能实现。而中国足球冲出亚洲的梦想，至少现在还是未知数。望足球健儿争气，誓将遗愿化宏图，在世界杯上告慰已经去世了的为中国足球事业作过努力的人们，也包括我们这些活着的普通球迷。

（门外论道·王干专栏　1997）

足球与围棋

中国棋圣聂卫平是个球迷。

韩国的围棋神童李昌镐也是个球迷。

有人曾跟聂卫平开玩笑说，如果让你到国家足球队当教练，你干不干？聂卫平并没有断然否认，而是说，足球和围棋虽然一个"投手"，一个"举足"，但道理都是一样的。

李昌镐看球也时有高见，1994年世界杯上，阿根廷队因为核心马拉多纳服药受罚停赛，一蹶不振，连四强也没进入。李昌镐说，马拉多纳被停赛，就像"棋筋"被人家吃了，当然没法踢了。

有意思的是韩国的足球也与韩国的围棋一样，都以"抢逼围"压迫对方，都以硬朗、剽悍的作风闻名于世。还听说中国棋院的年轻人闲下来喜欢踢足球，不知道这是不是他们用来"长棋"的别一种训练方法。

10月10日（按中国的时间已经是10月11日凌晨的事了）中国队与科威特队的比赛，让人马上联想到前一天马晓春对李昌镐的比赛。所不同的是中国足球队赢了，而中国的马晓春输了。中国队在最后的一分钟高峰射进一球艰难取胜，而马晓春则在官子阶段以四分之一子的劣势惜败。当然，话也可这么说，李昌镐以半目艰难取胜，科威特队在最后的黑色一分钟惜败。同是中国人，一胜一败，胜的是足球，败的是围棋，但胜者都有一个共同之处，就是以厚对巧，后发制人。

马晓春在江湖上有妖刀的绰号，而李昌镐有少年姜太公的雅号,因为李昌镐重视过程,更重视结果,有点迟尚斌式的1:0主义。科威特队技术细腻,富有灵气,颇有一点马晓春式的轻盈和敏捷。而中国队赢球的过程有点类似李昌镐的胜棋程序,自从10月3日那场对沙特队开始起,中国就一改以往先发制人的进攻流,而将"棋"走厚,出人意料地派上五名后卫上场,并史无前例地让范志毅、徐弘、张恩华三员中卫同时上场,可谓慎之又慎。然而这种厚实是以失去"先手"为代价的,因而在上半场比赛时,虽然中国队先进了一个球,但场上限于被动,很快被对手扳平。然而,科威特队由于"行棋"太薄,到下半场就露出了种种破绽,先是"先手"失去,进攻的主动权掌握在中国队手里,因为体能在上半场的提前预支,跟不上中国队的节奏,只得勉强支撑;最后疲于奔命的后卫再也堵不住快马高峰的致命一击,上演了"黑色三分钟"的悲剧。

黑色×分钟,在亚洲一直是中国队的"专利"。如今中国队脱"黑"制胜,将这黑帽子奉送给对手,就因为中国队在"球理"上有了进步。球理亦即棋理,先手与后手的选择,也需要讲辩证法。

(门外论道·王干专栏 1997)

韩国人的举手投足之间

尽管尚有人对中国足球"恐韩症"是否存在提出疑问，但是1996年中国足球的三个年龄段队伍在对韩国队的比赛都惨遭败绩，而且都是0：2以上的比分输了。国奥队、青年队、国家队在各种类型的比赛中都被韩国人分别击败，中国队都只能眼睁睁地看着韩国队从自己身上轻取"三分"。

足球界的"恐韩症"尚未治愈，围棋界又面临韩国流的压迫。力战型的韩国棋手起初为日本人和中国人不屑，认为他们的棋不讲理，以至中日围棋对抗的时候，韩国人想介入而被拒之门外，而今"三国演义"变成了韩国一枝独秀，不用说李昌镐独打天下，揽众多世界冠军于一身，其他的三大天王（曹薰弦、刘昌赫、徐奉洙）筑成的"篱笆"也能让中日棋手久攻不下。去年岁末的三国围棋擂台赛上，徐奉洙以他凌厉的韩国流连卷中日八名棋手于马下，使众多中日高手蒙耻。

我曾经打过几盘韩国选手的棋谱，发现韩国人的棋风很像这几年在中国足坛风行一时的"抢逼围"。韩国选手的棋型照传统的围棋理论（主要是近一二十年的日本围棋理论）来看是缺少美感的，他们对对手的攻击常常处于一种无理的情状，以致很多不谙韩国流的棋手被其气势和力量弄晕，仓促败阵。韩国棋手能抢先手时坚决抢，能逼迫对方时坚决逼，能围实地时坚决围，这种实用的理性围棋对以大竹英雄为代表的审美围棋是一个重大的突破。它的历史性突破有点类似吴清源和木谷实的"新布局"时代。在"新布局"时代，星位曾是布局的禁着点，而如今韩国流就在许多被美学派棋手认为是禁着点的地方取得了出人意料的突破。

同样，徐根宝带申花队时运用的抢逼围也遭到很多人的反对，认为是对足球理论的反动，甚至有人嘲笑是田径队，可有谁想到甲级联赛三年稳居三甲的却只有申花。更有趣的是，今日甲A队伍有几支不练抢逼围呢？徐根宝能够抓住中国足球的要害，是因为他从中国足球队屡次输给韩国队血的教训中找到了中国足球的突破口，这就是以抢逼围对抢逼围，以压迫式对压迫式，以韩国队的精髓来对付韩国队。这叫以其人之道还治其人之身。

当然，说到底抢逼围仍是一种战术，隐藏在这背后有更深层的内涵。足球与围棋，这两项运动有天壤之别，可韩国人踢的球，韩国人下的棋，都渗透着同一种比赛风格，贯穿着同一种体育品格，都有一种向极致挑战的情结，把它称之为民族精神或许有些夸大其词，但韩国人举手（下棋）投足（踢球）之间，你能感到那种民族的危机意识和文化的抗争精神。

但愿中国足球从"韩国流"中受到的启发及早超越"抢逼围"层次。

（门外论道·王干专栏 1997）

关键时刻

现在有一本书很火,叫《关键时刻》,它是以"中国问题报告"的副标题出现的。这本书的内容并无多少新意,但由于第一次将"当今中国亟待解决的 27 个问题"放到一起集束论述,因而颇有市场效应。

中国足球现在也到了一个关键时刻。

如果说十强战之前,光是从"世纪性"这样一个抽象的符号去认识它的时间意义(本世纪最后一次冲击世界杯),那么球到这个份上,也算是到了真正的关键时刻……拼一下就有可能微笑在法兰西,软一下就会再度离那个梦寐以求的目标只有一步之遥成天涯。

现在人们想到是中国队以小组第二的身份出线,去与 B 组的第二名或澳大利亚争剩下的名额。但没人想到中国队以 A 组第一的身份直接出线,因为伊朗队在被沙特阿拉伯队击败之后,已不再稳拿小组第一进军法国了。下一战面对再也输不起的科威特队,伊朗队并不容易对付,弄不好还会再度告负。因为上一役科威特就差点将伊朗队拉下马,这一次科威特与上一役的沙特队一样是赤脚的不怕穿鞋的。小组积分第一的负担和败给沙特的阴影,会让伊朗队的心态发生变化,弄不好,就会有闪失。

假如伊朗负于科威特队,它将难以位居小组第一。

假如伊科双方踢平了,它也难以位居小组第一。

到时有希望争第一的将是中国队和沙特队。

当然只是假设。但目前的形势可能是近十年来中国队冲击世界杯能够获得的最有利的形势了，也可以说是命运对中国足球的最大厚爱。因为命运对中国足球太刻薄了，屡屡捉弄，屡屡戏耍，先是1981年被净胜球挤走，接着是"5·19"阴沟翻船，接着高丰文"黑色三分钟"折戟，而后施拉普纳带着中国球迷在成都欢送伊拉克小组出线。戚务生执掌国家队之后，也一再被调笑，最有趣的是亚洲杯上先是被想平局的日本队不小心击败，之后又无缘无故受叙利亚之"贿"——他们在小组出线无望的情况下硬是赶走乌兹别克，让中国队进入八强，而后争夺四强时先进沙特两球，然后"倒脱靴"（围棋术语，先让人家吃子，然后吃人家更多的子）还了人家四个球，让人哭笑不得。而这一次，命运似乎在捉弄他们而帮我们，所以中国队一定要有这种奇异的敏感，树立信心，在余下的战斗把目标定在全胜和小组第一这样的理想上，这样既可放心地去搏，不再看他人的眼色行事，一心无二用，另一方面也有利于全队统一思想，在制订战术和使用队员时会更明确指导思想，不再犯前两役攻守不一致的错误。也不要想在净胜球上做文章，那将会自取其辱，下一役1:0拿下卡塔尔就行。

更重要的是，球踢到这个份上，实力和水平固然重要，但已经不是唯一的，谁能够咬得住，谁就是最后的胜者。这就像拳击比赛一样，打到最后不仅是技巧和体能，而是毅力和意志。中国足球队历次冲击世界杯未果，往往都是在有利的情形下失去机会的。比如打平可出线就是打不平，比如上一次第一轮对伊拉克也是起初极为有利的情形下而后被也门击败变得没有退路的。而这一次，西亚几个队好像在变出各种招来帮中国队，大有非要送中国队出线（到法国）才罢休的意思。

中国队一定要珍惜这样的好机会,千万不要自暴自弃,为迷惑对手,低调是需要的,但目标千万不能低,要用最美好的前景鼓舞士气。

(门外论道·王干专栏 1997)

平局难踢

攻势足球富有魅力，可足球的魅力并不仅仅在于进攻。足球的魅力还在于防守，一个攻守兼备的球队才能创造出好成绩。一场光攻不守的球赛肯定不如攻守均衡的比赛精彩。因而攻守这对矛盾的转化便成为足球的胜负的关键。

与其他球类项目相比，足球的魅力还在于可以在一场比赛中不分出胜负，这是篮球、排球、网球、羽毛球、乒乓球等大小球所不能比拟的。因为有了平局，使足球不仅是一个一个局部的匹夫之勇，还有了更多的智慧和谋略。主教练在选择对手和采用战术时就有了更大的空间，一场比赛的结果可以有胜、平、负三种选择。主帅可以根据不同的对手来制订不同的作战方案，需要胜时固然不能输，不需要胜时求平也是一种上策，当然除了特殊情况下求输以外，胜或平是最基本的选择。纵观中国足球队近十多年来的征战史，战绩不佳的原因很多，但有一个是被人忽略已久的毛病，它在平常的训练甚至比赛都不易察觉到，但每到关键时候就发作——就是需要踢平的场次不能踢平，每每断送好局。

著名的"5·19"本是中国队求平小组就出线的比赛，可结果为了求胜反而落败；徐根宝在上届奥运会亚洲预选区决赛最后一场对韩国队的比赛中只要踢平便可拿一奥运会的入场券，可开场不久就连丢三球。无独有偶，四年之后同在默迪卡体育场，戚务生带的国奥队又和韩国队小组相遇，又是只要踢平就可参加六强决战，虽然未见得就能冲出亚洲，但毕竟与后来去亚特兰大的韩国队、沙特队、日本队的机会是均等的。但遗憾的是中国队又被老对手韩国队攻进三个球,自己一个球也没攻进,再度饮恨。

如果说前几次中国队不会求平的弱点尚处于隐性的话,那么此度中国队在亚洲杯上将这一缺陷暴露无遗。小组最后一场与日本队相遇,是双方求平的比赛,与前几轮中方求平对方求胜的局面大不一样。可中国队硬是不会踢这种走过场的"表演赛",因而最后几十秒输球就不是偶然的了。因为踢平并不意味着不踢,也不是意味着单纯防守不进攻,踢平意味着要攻守得当,攻要攻得恰到好处,守也要守到恰到好处,要善于把握住对手的心理,使自己处于主动的地位。比如这场对日本队的比赛虽是大家都以"和为贵",但中国队一开始便把主动权拱手让给对手,使得日本队想攻就攻想守就守。如果中国队做出一副对攻的架势,将求胜或求平的主动权握在自己手中,或许有可能战胜日本队。至少通过刺激日本队,可以使中国队的队员保持某种警惕状态集中注意力,而不至于精神松懈输掉这场球。

有人将中国队这种不会求平的缺点归结为心理素质的问题,但归根到底还是平常缺少这种练习和准备。历届的国家队教练都从没想过如何在比赛中踢平对手,只训练队员如何去赢球,而导致跛足。要么赢要么输,就是不会踢平。解决好这种跛足的现象,将是中国足球腾飞的前提,否则还会有下个"5·19""黑色×秒"。

(门外论道·王干专栏　1997)

折　磨

中国的球迷正在受刑，正经受着另一种非身体上的严刑拷打。这种精神的刑罚是漫长的。

自从1981年开始看世界杯预选赛，我就开始遭受这种精神的刑罚。时过16年至今未能"刑满释放"，至今我和球迷还在戚务生"典狱长"的折磨下"服刑"。

如果说，在十强赛之前，我们更多还是一种期待的话，从兵败大连金州体育场开始的那一刻，剩下的便是折磨了。明知道中国足球队冲进世界杯已经无望，可八场比赛才踢了一场，那结果就揭晓让人有些心不甘。还是等待第二场与卡塔尔的结果。如果输了，后面的比赛就不会更让人牵肠挂肚的。反正出不了线，又何必去关心呢？然而，中国足球队的将士们非要让这折磨一点一点地让球迷消化，不是一次性的爆发——没有输给卡塔尔，而是客场与卡塔尔1∶1和局。这和局虽然离那个结果又近了一步，但还有一步之遥。因为接下来10月3日中国队的主场万一赢了，万一伊朗和沙特又有个闪失输给了卡塔尔，中国队不就可以再搏一搏吗？

于是新的一轮期待、新的一轮折磨又开始了。虽然这一次心情要平静而淡泊些，心跳没有过去那么紧张急切，但它对人心理上的"蹂躏"的强度可能更要大。因为这一场再不赢，中国队就彻底告别1998年的世界杯，而球迷的期待也就此终结了。虽然期待的终结也意味着折磨的终结，但希望在这么短的时间内就变成了绝望，未免太残酷了。希望到绝望居然没有一个心理过渡期。

我们只有埋怨西亚诸强下手太狠了，太无情了。因为我们不能埋怨国家队教练组，我们不能埋怨国家队员，我们不能埋怨足协领导，只有恨西亚的球队和他们源源而来的石油。我们无力要求国家队提高水平，而只有诅咒西亚球队的水平在一夜之间降下至与中国的乙级队一个档次。我们甚至不能要求换教练，而只有说败军之将亦可言勇。

这就是中国足球，这就是备受折磨的中国球迷的命运。

其实，戚务生受的折磨，并不比我们少，王俊生受的折磨也不比我们少，范志毅受的折磨也不比我们少。他们在场上要受西亚球队的侮辱，在场下要承受球迷的责难，还要承受他们亲人以及亲人周围比利剑还要尖锐的关切和疑惑的目光。他们的心理比我们还要累，还要脆弱，我们又怎忍心在伤口上撒盐呢？

中国足球成了大众文化的一道醒目的伤口，一道永不痊愈的伤口。它不时地在滴血，又不时地在化脓，还不时地流泪。让人欲说难休，让人又爱又忧，又恨又愁。我们真的会一无所求？

(门外论道·王干专栏　1997)

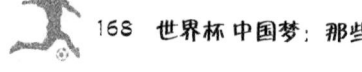

痴情球迷无情球

还能说什么？

先进两个球，再输四个球。世界杯外围赛亚洲区十强赛，中国队在首场大败，让人失望至极，被看作风水宝地的金州并不能保佑中国足球队的前程。虽然有球迷喊出戚务生下课的口号，但只是发泄愤怒而已，戚务生还必须坐在主教练的位置上，带范志毅们和英国顾问去征战西亚。这一去，凶多吉少。中国队的战袍能否少几粒弹孔，能否全身归来让人心忧。中国足球踢到这个份上，该是球迷心灰意冷的时候。奇怪的是球迷的心不冷，他们又开始了新一轮的期待。他们把目光又聚集到下一轮了，并继续一如既往地痴心等待。有球迷说，这一战（指1997年9月26日对卡塔尔）是关键。因为输了，中国队下面的比赛就纯粹是陪公子读书了。但是这一场赢了又怎么样？中国队还有六场比赛要打，六场能全取胜吗？六场能保持不败吗？又有哪一场比赛不关键呢？

这些痴心的球迷啊。

痴得让人心里发颤。

虽然中国足球队屡战屡败，甚至有王小二过年一年不如一年的感觉，然而球迷的人数没有减少，球迷的热情没有下降，反而更加悲壮，反而更加忠诚，更加疯狂了。有人说，中国有世界上最高水平的球迷，却连三流的球队都没有。这种巨大的反差对应着长期徘徊不前的中国足球，更让人心情复杂。因为国家队在一场并不重要的比赛中小胜了一场，球迷们的赞誉就如暴风雪一样刮起。这些球员一个个都不知道自己成了什么等量级的人物，就和刘德华、张学友这些"四大天王"们一样牛气。个别人甚至不知天高地厚，俨然成了大牌球星。这无疑宠坏了这些队员。另一方面由于球迷寄予了过大的希望，到关键比赛的时候，这些队员又心理压力过大，怎能以平常心来参加比赛？

黄健翔在一篇文章里说球迷心太软，该冷落时反而更加热情、更加迂腐，让中国队的每场重要比赛弦都绷得过紧，以致输得不堪时才出来骂娘。等骂完娘又继续宠爱有加，恨不能连心都献出来。可光痴心又有什么用呢？12亿颗火热的心，也抵不上11名能征善战的球员。足球不像打仗，它不能让对手陷入人民战争的汪洋大海之中。球迷再多再火再疯狂，也不能促进足球水平的提高。这是球迷不愿接受不愿面对的严峻事实。

不过球迷总是无辜的，谁也无权谴责他们。足球运动经久不衰的生命力并不在球星身上，而在那些痴情的球迷身上。

(门外论道·王干专栏　1997)

两负伊朗说明什么

中伊两队在德黑兰决战的比赛我是在石家庄看的。那天晚上我们几个人为比赛的结果打了一个小小的赌，猜错的一方请客。我明知道中国足球队会输，还是感情用事，将宝押在赢的方面。我押宝错了，可押对的苏童在赛后并没有获胜的欣喜，甚至比我还要愤愤。结果是谁也没有请客，大家"抬石头"吃了一顿饭——在恨铁不成钢和调侃中。

这是第二次输给伊朗队了。

这是中国队连赢两场的情况下输球的。

两输伊朗说明什么？

有人将这归之为综合实力不如人家。中国队的实力是不如他们，但足球是圆的，足球场上的优劣是可以转换的，并不是一成不变的。论综合实力中国队不如沙特队，可赢了他们；论综合实力，中国队要好于卡塔尔队，可赢不了他们。可见实力是一个有水分的浮动变数，而不是常数。这次世界杯欧洲赛区外围赛出线的队伍就并不都是实力最强的球队，一些二流的队伍也跻身在决赛圈，就更说明"弱国能够打败强国，小国能够打败大国"的真理。再说即使实力逊于人家，也不会有如此大的距离。第一次2∶4，第二次1∶4，两战八个洞，越打越糟糕，指挥者有不可推卸的责任。

错在用人。在飞往石家庄的航班上，我和苏童谈到这场比赛的用人。苏童说，上黎兵和姚夏肯定就输了。我说，区楚良也不能上，上了还会犯上次的错误。他的心理负担太重了，应该上江津。然而，电视打开,姚夏和区楚良出现在场上。一种失败的预感涌上心头。果不其然,两分钟下来,区楚良大门就失守。这时候该换上江津顶替区楚良,然而换上的是黎兵。我们几个人知道此战中国队将会以大比分输。原因是极其简单的,上一场的阴影在这几个人心里尚未散去。

错在阵型。与前几场一样,中国队在此场比赛用的还是"451"。这一阵型中国队赢过两场。然而就是这一阵型中国队输给伊朗的。中国队教头如此抱残守缺,让人失望。伊朗队虽是西亚队,但与沙特和科威特风格迥异,是一支准德国队。中国队以不变应万变,焉能不败?"451"表面是一个防守的阵型,但伊朗队吃透这一阵型之后,对阵下药,以"352"应招,使中国队中场不占优势。由于中国队只有一个前锋,伊朗队的后卫大胆压上,成为一个潜在的前卫,实际形成了巴西人在1982年创造的"262"模式。这也就是中国队为何中场受阻,大比分落败的原因。若让高峰上场改打"442",在左边让2号马达维基亚忙于纠缠"浪子",他哪会有时间助攻到中前场?

这两错说明教练组思维僵化,缺乏应变能力。

(门外论道·王干专栏　1997)

当一回场外教练

中国足球队为冲击 1998 世界杯，正苦苦征战。虽然至今未失一场，可球迷专家也有些不满，记者虽然不大敢说泄气话，也是有想法的，而戚务生和队员就以看结局来安慰自己。症结何在？我看不是指导思想问题，也不是球员不努力的问题，关键在于主力阵容有问题。现在的主力阵容不是让队员人尽其力，发挥所长，而是有力使不上，队员上场有一种互相受抑制的感觉。为了发挥每个队员的长处，本人拟了一个阵容名单，不想让戚、迟、金三位教头采纳，而是给球迷一个谈资。

阵型当然是"442"。守门员依然是区楚良，中卫张恩华、毛毅军，左后卫孙继海，右后卫李明，后腰李铁，左前卫马明宇，右前卫郝海东，突前前卫张效瑞，前锋范志毅、李金羽。这个阵容多少有些让人吃惊，但却是一支能攻善守的队伍。先说李明由前卫改为右后卫，这一方面是近来的右后卫位置吃紧。魏群能攻轻守显然不能作主力用了，毛毅军顶替上去，虽兢兢业业，基本没出什么漏洞，但这是以削弱右路的助攻为代价的。国家队这几场进攻乏力，与毛助攻能力不强相关。根据以往边锋改边卫的经验（谢峰、凌小君成功客串边卫），让力量和身高都不错的郝海东当右后卫的念头曾在我的脑子里闪过，但郝海东没有防守的经验，不可试用。而李明的力量、速度、体力、意识都不错，能攻善守，一直是国家队不变的绝对主力，但他在前卫线上更多是抢断、阻截，虽然也套边传球，但主要还是一个防御性的前卫，到了右后卫线上，这些特点他尽可以自由发挥，而他的技术稍粗、不善组织的缺陷就不会成为问题。李明的位置由郝海东来代替，就是让郝海东兼顾组织，有边锋的性质。郝的防守虽稍差些，但前有范志毅抢，后有李明堵，不会有什么大问题。再加之郝海东去年在八一队有当前卫的经验，他不会有生疏之感。张效瑞在6月1日的中土之战下半场一露面便显出将彭伟国取而代之的自信。他的组织、技术、意识、远射、体力都足以与彭伟国抗衡，更重要的是他与李金羽的配合虽不是梦幻，但却是心有灵犀的。6月1日让戚务生逃出"5·19"噩梦的那一球就源于他与李金羽的默契。

让马明宇当左前卫，而放弃隋东亮，一是马明宇的状态委实不坏，二是为了生态平衡，如果让"健力宝"四员全上场，他们会自觉不自觉地粘球，影响进攻的速度。因为国家队不可能走"健力宝"的路子，"健力宝"只有融化到现有的国家队中才有作用。这个阵容看来是为了解放范志毅，强化攻击力，其实也是为了更好地防守。因为现在的中卫张恩华和范志毅都是助攻的好手，而一不小心就会被对方偷袭。让中规中矩的毛毅军"钉"在后边，免得对方快速反击。让区楚良一人唱空城计。如果我方领先，范志毅回撤，高峰上场打"快反"。

当了一回场外教练，不知有几个赞同。

(门外论道·王干专栏　1997)

防守的问题也是素质的问题

十强战的硝烟虽已散尽,但人们对它的总结并未停止。中国足协有一份总结,球迷也有总结,这些总结有深有浅,有对有错,也只是总结而已,因为谁都知道足球成绩不是总结出来的,再好的总结也不如一场关键性的胜利更有价值。虽如此,还是要说,还是要总结,球迷乐趣也就在这里。

说说防守的问题。

十强战之前,人们担心的是右路的防守,因而攻大于守的魏群离队,申花队的毛毅军一跃成为主力,但到真正比赛的时候,毛毅军又沦为替补。应该说毛毅军作为右后卫,几次上场都能尽职尽守,并未有多大的失误,在客场对伊朗时还攻入了一球,为中国队挽回了一点面子,要不然0:4是太难看了。中国队在八场比赛中都进了球,应该说进攻能力是不差的。可丢球更多,奇怪的是所丢的球并不是在右路打入的,而是从左路打入的。

就防守能力而言,谢峰不如孙继海,可谢峰镇守的右路虽有几次回防不到位,可并没有导致城池失守,这让人有些看不懂。

其实,也不难懂。谢峰之所以能够保住右路不失,恰恰不是因为他的防守能力比孙继海好,而在于攻击力强于孙继海。记得首战对伊朗时,对方就是强攻中国队的右路,从而导致中国队的防线失守的。对方之所以敢于投入兵力强攻右路,就是因为毛毅军不能给对方的球门造成更大的威胁。都说进攻是最好的防守,可用起来就不知道这个简单的辩证法了。幸好中国队及时调整思路,谢峰上场之后，不仅进攻打活，防守也稳定了。但或许是我们过于信任孙继海的防守能力了，我们始终没有想到在左路加强攻击力，特别是左后卫出其不意地攻击。直到孙继海两张黄牌不能上场，才想到吴承瑛火速入帐，但由于区楚良不在状态，范志毅等人的缺席，吴承瑛也是孤掌难鸣。之后，力战卡塔尔时，吴承瑛又没有上场，使得对方轻易地在左路组织进攻，找到了中国队的软肋。

十强战的失利，有很多问题可以说。防左与防右的关系，只是一个具体的战术使用问题，但暴露了一个严重的问题，就是教练的战术素养不高。这或许是中国足球再度饮恨的原因之一。第一，不能因队排阵，非常机械地使用队员。第二，在具体战术部署上，不懂辩证法，不能弄清攻与守、左与右、胜与负的辩证联系，不能以我为主，不能扬长避短。最明显的例子，就是主场对卡塔尔进了一球之后，让彭伟国替下李铁，使中国队本应当防守的阵型，成了古怪的"424"（郝、高、彭三前锋，范的状态亦是前锋），结果中场形同虚设，帮卡塔尔取胜。

这根本不是什么定位问题，而是素质问题。

(门外论道·王干专栏　1997)

"身体"热没热

中国足球队从8月份开始为十强赛做准备,到英国和英伦诸队进行了比赛。在取得了不败的战绩之后,又前往汉城与韩国进行第二轮的对抗赛,之后回到国内找哈萨克斯坦队进行了最后一次演习,热身准备便告了一个段落。

评价这次热身的价值其实要到十强战结束后才可进行,但球迷都是急性子,现在的看法只是一种估测而已。中国足球队此次热身的对手有强有弱,有真打也有假打,强者有阿森纳这样的英超豪强,也有韩国队这样的亚洲雄师;弱者则有准业余队的乙级队,也有号称强者,实是此次十强中的鱼腩之旅的哈萨克斯坦队。中国队在这样一堆等级风格相差甚大的球队身上未能输球,应该说令人可喜。特别是中国队从1996年屡败屡战的阴影中找到了胜利的感觉,提高了队员的自信心和荣誉感。如果热身的结果不是胜,让队员哭丧着脸去与伊朗队进行第一场比赛,肯定会造成士气的低落,影响水平的发挥。由此看来,热身不败是极有收获的。另一个收获就是由于各种阵型的演练,使中国队找到了新的阵型"451",这种似守实攻的阵型凭直感非常适合现在的中国队。戚务生打过"352",也打过"532",都因后卫助攻的失误屡屡被对方攻破城垒。后来也打过"442",但这种阵型要求每一个位置上的队员都能尽职到位,而没有了彭伟国、胡志军以及高峰与曹限东的"梦幻组合"之后,"442"的阵型便显出攻不得力,防不胜任的毛病来。因为"442"这种传统阵型需要的是中场有一个核心,而中国队的中场至今也没有一个容志行式的人物，中场无核心便造成三条线的脱节。而放五名前卫到中场，实在是"因材施教"，因为中国队的前卫没有尖子，运用整体的力量来重铸中场筋骨，"腰部"坚强之后，便可发力。因为中国队队中并不乏体能好、速度快的拼命三郎，于根伟、姚夏、郝海东等都可在上半场和下半场疯狂冲击对方的阵型，在防守上他们收缩回去，便是"532"这样的稳固防守的铁桶阵。这是天赐戚务生的一个"八卦阵"。

但这次热身的另一个遗憾是中国队并没有真正"热"起来，由于没有遇到最强劲的对手，或者对方以漫不经心的态度处理与中国队看似重要的比赛，使得中国队所受的锤炼并不大。这对于一个即将出征的队伍来说，是一个缺憾，也就是说并没有真正接受大赛的考验。这对于一些年轻队员来说不太有利。另一个让人感到忧虑的是，主力队员虽有确定的迹象，但不能算理想，特别中国队改"451"阵型之后，这"1"由谁来踢是个大难题。试阵的结果说明，黎兵肯定不能胜任。郝海东、高峰是边路人才，李金羽现在尚不能给人擎天一柱的感觉。而"451"的精华就在于这个"1"字上，他或者能单骑闯关，或者能牵制后卫，吸引对方的防守力量，为前卫扯出空当，制造机会。否则，就是一个求平怕负的保守型阵式。

(门外论道·王干专栏　1997)

输出老苗来了

好多年以前，如果苏永舜那一届国家队不能说输的话（遭了人家的暗算），那么从1995年的"5·19"起，就有人们说，中国足球已经输不起了。可是中国足球依然输。苏永舜的输还是比较体面光彩的，因为那一届中国队毕竟半脚已经跨进了世界杯的大门。之后的中国足球队就有些王小二过年一年不如一年了。曾雪麟的队伍在小组赛上输给了香港队，紧接着高丰文的队伍因"黑色三分钟"也折戟沉沙。徐根宝通过民主竞选当上主教练，没想到成为中国足球历史上任期最短的主教练，还没来得及指挥一场比赛就因为他带的国奥队被人算计而未能进军巴塞罗那很不情愿地交出国家队帅印。接着，施拉普纳的到来，除了为中国足球增加了幼稚的文学性和哲理以外，对中国足球地位的提高难说有什么具体的贡献。

如果说施拉普纳给中国足球带来的是文学性的话，那么戚务生带的这支队伍在最近亚洲杯上则上演的是令人哭笑不得的闹剧。足球的魅力之一在于它的戏剧性，马拉多纳在上届世界杯让阿根廷队充满了悲剧色彩。巴西队点球击溃意大利则是喜剧。悲剧和喜剧甚至闹剧多让观众开心，可如果自己的球队在闹剧之中担任主人公，球迷就很难受了。中国足球队在这一届亚洲杯上就扮演了这一角色，尽管这是中国队情愿的，但还是被人家没有敌意地玩了一把。这已经够闹的了。没想到叙利亚为了己国足球的形象，硬是将稳操出线权的乌兹别克队拉下马，送中国足球一个大礼——

叙利亚队用这样的方式回报以3∶0击败自己的中国队,让多灾多难的中国足球史上再度"蒙耻",也让中国球迷记住了本不该记住的这样一支西亚球队。

中国队此次亚洲杯赛前曾制订一个纲领,叫宁愿悲悲壮壮如何如何,也不窝窝囊囊怎么怎么。可现实仿佛成心与中国队过不去似的,既不让你窝囊赢,也不让你悲悲壮壮,但让你窝窝囊囊进前八。

不管怎么说,中国足球已从输不起转到了输得起。从体育运动的规律来看,这也算一种进步,但这种进步实在并不是缘于体育观念的更新,而是因为中国足球实在是一个扶不起的阿斗。中国队实在没法赢才会如此不怕输,输惯了,都输出老茧了,还怕输吗?中国足协在此次亚洲杯比赛前甚至一反常态,没有给教练下达具体指标,够大度的了,甚至说宁愿悲悲壮壮地输。这"求败"的信号说明本已经很委屈,可戚务生连输得漂亮一点悲壮一点也不能做到,所以就已没有什么好要求的了。

(门外论道·王干专栏　1997)

虎头蛇尾的赛制

本世纪最后一次进军世界杯的机会，亚洲诸强谁也不会错过，因而在确定决战的地点时，居然争论不下，官司一直打到国际足联。经国际足联的裁决，有了分晓。主客场制，分AB两组，小组第一名出线，小组第二名交战再分一席，败者与澳大利亚去争夺最后一张去法兰西的入场券。

这样的格局好像谁都满意，未见谁提出疑义。其实它除了篡改十强赛的本质外（现在似乎不能再叫十强赛了，只能叫世界杯外围赛亚洲区的决赛，因为原先十强聚到一起，而现在只是各扫门前雪了），还隐藏了一个潜在的不公平，就是此小组的第一个不用与彼小组的第一、第二相碰就获得出线权，不符合公平竞争的原则。由于这一次分组的两个种子队是由上届世界杯的参赛队充任的，这就有了很大的局限性。众所周知，足坛风云变化，四年间弱队变强队，强队变弱队，可以说是家常便饭。如今国际足联的排名榜上排在亚洲第一第二的就没有韩国队这个种子队，而非种子队的日本队倒是排在最前列，也就是说明种子队未必就是"种子"。既然如此，小组第一出线就可能带有某种偶然性。这一次分组，由于采取自由抽签的办法，不可避免地造成了某种局限。如果让中国队和阿联酋队换一下位的话，整个B组就是西亚共舞了。现在赛制的缺陷，就是让A组和B组捡到一个便宜，它们至少有一个队可以出线，而这个出线的队伍未必就能战胜另一个小组的第一名和第二名。举例说吧，在前不久举行的亚洲杯上，进入前四强的是清一色的西亚队，这些西亚队分别淘汰了东亚诸强之后才进入四强的。而现在的这一赛制，怎么也不可能出现亚洲杯西亚队雄踞四强的局面，某种程度是让有些队受到了"关照"。虽然这种关照的概率只有1/16甚或1/32的可能，但既然有可能，就意味着不公平的存在。

奇怪的是没有人对这种明显的不公正赛制提出疑问和诘难，官员如此，记者也如此，教练和队员也就更是如此了。或许是有人说公正和公平总是相对的，但这种赛制只要稍作变动就可以变得公平合理多了。就是A、B两组的一二名产生之后，可以采取单循环制，或者由A组的第一对B组的第二，B组的第一对A组的第二，最后决出一至四名，每个队将小组赛的成绩带入总决赛（取两场比赛的成绩之和）。这样尽管多赛了几场，但更公平，也精彩多了。记得去年争夺亚特兰大奥运会的入场券时，亚洲区的八强决赛就采用了类似的方式来产生三个名额。

不知道国际足联和亚洲足联是怎么想的，他们既然不厌其烦地将原先的赛会制改成现在的主客场制，以求得最大公正，就应该毕其功于一役，不应该虎头蛇尾。因而他们对待那半个名额的处理实在是过于潦草，或许他们觉得那半个名额争不过澳大利亚队，就索性不去费那个闲心思了。这只能是亚洲足坛的悲哀。

（门外论道·王干专栏　1997）

第四辑 边看边说

观棋不语，看球得说。既说热闹，也说门道；既说与小足球有关的大事件，也说小细节里看到的大足球。其实说来说去，都说的是那些有足球陪着我们、我们也操心足球的平常日子。

给甲A取外号

12支甲A，12支劲旅，12般风采，12种才情。鄙人一介书生，在新的角逐之前，观今日之动态，思往日之业绩，为12支球队戏取其号，读者姑且一笑了之。

万达纵队 大连万达是金刚纵队，不仅因为它在1996年的甲A比赛中保持了金刚不败之身，更重要的是它的队伍有一股纵横千里的大部队气色。特别是徐弘、张恩华、王涛、李明四大金刚能攻善守，敢抢会拼，还有一股中国功夫的沉稳劲，让所有挑战者都犯怵。万达称霸绿茵，与它始终保持的纵队姿态有关。你感觉万达的每次战斗都是从大局着手的，而不在乎细节（比如场面好看不好看）。

申花雄师 1995年冠军，1996年次席，疯狂的奔跑，疯狂的堵截，疯狂的射门，使申花队始终保持青年队的气势。当年贝利曾这样评说过德国队，这帮疯子只要裁判的哨声不停，他们便不会停止跑动。套用贝利的话可这样说，申花小子只要能跑动，他们就不会停止拼抢。他们的跑动给他们带来无数机会和胜利。他们与谁对垒，都会使比赛在快节奏中进行。范志毅作为申花战车的领头羊，带出来一批范小将军。如今徐根宝的离队，保籍教头和队员的加盟，让这辆战车驶向何方，引人关注。

八一野战排 1995年险些降级的八一队，在足坛理论家刘国江的指点下，进步神速。这支不太中看的野战部队因为无固定主场，便处处是主场处处是客场。打得好反客为主，打不好反主为客。他们没法与当地的文化融为一体，他们便是永远的野战排。野战排的作战力量别人不可小视，但野战排自己却不可自视强大，否则就会重蹈贾秀全的覆辙，它毕竟是一个排。

国安御林军 说北京国安队是御林军，不仅仅是因为它在天子脚下，更重要的是它的一投手一举足，都带着强烈的皇家卫队的风采。在1995年的商业比赛中，它对国外几支劲旅的胜利，虽然现在看来价值几何尚待考，然而却为京都的球市和名誉添了不少风光。御林军的教头金志扬更是谈精神，论民族，鼓士气，在意识形态淡化的今天，金指导是难得的政委兼司令员。只是国安御林军网罗各地高手的网似乎不大不广，反而让第一"快捕"高峰出官流落到民间。

泰山骑兵团 济南泰山将军队有泰山之沉稳，无将军之气度。说它是骑兵，是根据它的打法而定，它打高打快，以高带快，以快促高，是全队的灵魂和核心。因而这个队就像一支骑兵连，走得快，打得高，任何队一不小心都会被它掀翻。

全兴冲锋队 和申花队一样，四川全兴队也是一支激情洋溢的球队，这样的球队是以观众作为球队的生命。这两年球市的火暴，与四川人的豪情和痴迷有不可分割的关系。激情的球队必带出激情的观众，如果这两年甲A少了全兴冲锋队这样的悲壮之军，球市的戏剧性和观赏性将大为减低。全兴队是一支吹着冲锋号踢球的队伍，他们只有在进攻的时候，你才发现它是一支真正的球队，而他们好像不知道防守为何物。1997年赛季，他们把马明宇收回，黎兵套进，其进攻将更加赏心悦目，然防守未有大将入围，想进入前三还需努力。

太阳神小组 广州太阳神队是国内唯一一支以技术见长的队

伍，在宏远高举高打之后，他们依然故我，坚持粤派精神，独撑岭南一柱。胡彭的梦幻组合近年虽少见佳作，但若以"双打"进行足球比赛，他们毫无疑问会问鼎。说太阳神队是小组，一是因为该队以"小"见长，队员的体形不是高大型的，打法粗犷；二是有一种突击的风采，在有限的空间里争取到极大的自由。但足球联赛是一场艰辛的马拉松，打好一两场比赛并不代表就能取得好的成绩，这就决定了太阳神队可能会展现超群的风采，但不能保持持久的状态。

三星工兵营 天津三星队是甲A联赛各队中遭罚队员最多的队，他们有工兵式的奋不顾身排险的精神。1996年施连志和霍建霆的受罚，几乎让这个队掉入甲B的泥淖，而全队的抢险堵枪眼地前赴后继让三星队光荣保级成功。1996年初又再度涉险，蔺新江与韩金铭的将士不和，委实让人捏了一把汗。不知是左树声带来的好运还是三名巴西外援带来的好运，蔺的离任，韩的被弃用，工兵营反而越战越勇，众志成城，让申花雄狮和万达纵队都出过冷汗。今年的三星估计仍会以工兵的低姿态出现，而不会去轻意与对方对攻。

宏远大队 记得1995年联赛甫一开张，北京名记者王俊（诗人大仙）惊叹"宏远之高远"。黎兵、马明宇和谢育新三驾马车的组合，一时成为美谈。宏远队以广东足球前所未有的大气和大度高举高打，让人想起了英国诗人雪莱浪漫主义诗风。中国足球职业联赛三年以来球队面貌发生变化有两支，一是申花队，一是宏远队，它们的变化对中国足球的发展思路都产生了影响。遗憾的是宏远高而不远，1997年转会风潮中三员国脚的离去，陈亦明的被弃，宏远大队将宣告解散，它的前途如何尚是未知数。

现代消防队 延边现代汽车队在1996年年度过了职业联赛以来最为艰难的一年，直到最后一场比赛前还在降级的边缘挣扎。这一年多来，延边现代汽车队就像一个忙碌的消防大队一样，到处扑灭火灾，因为降组的烈焰始终在烧烤着他们的球衣。有一度，这群朝鲜族的小伙子都已经闻到了棉衣被烧糊的焦味。然而这群消防员顶着硝烟，硬是从火中取回了"栗"。火中取栗这一寓言本是带反讽意味的，然而对这支消防队来说却有着悲壮的色彩。

寰岛雇佣军 升班马前卫寰岛队虽未露面，但从它去年的状况和今年招兵买马的架势，它依然是靠雇佣军作战的球队，具体能有什么样的水准进入甲A尚不得而知。根据"历史的经验"，雇佣军在甲B能拿大顶，到了甲A往往不灵，希望寰岛队不要蹈深圳的旧辙。当然，它不会降组。

海牛老兵连 青岛海牛队可以说是最有骨气的队伍，1995年被出局，1996年再入围，让另一只老牌劲旅辽宁队汗颜。老兵是海牛的财富，1997年王冬宁这员老将的加盟，以及退休教练刘国江的重掌帅印，无疑加深了海牛队的暮气。但生姜老的辣，老将老帅往往给海牛带来好运。祝福海牛在新的一年写出老兵新传。

(门外论道·王干专栏　1997)

归去来

继郎平之后，汪嘉伟也从日本回到国家男排执教。我在中央电视台的直播节目里，看到汪嘉伟和球迷们的对话，也感到了球迷们对汪嘉伟的厚望。十多年前，我在扬州体育馆里曾和汪嘉伟交谈过，那时节正是排球独步中华的黄金季节，我也是无数排球迷当中的一个，我设法买到了最前排的位置，因而有了与男排诸明星交谈的机会。十多年过去之后，那场比赛的详情已经淡忘，甚至都想不起双方的阵容了，可还记得和汪嘉伟等人的谈话。如今再看到汪嘉伟执掌国家男排的帅印，心里生出了很多的感慨。

让汪嘉伟担纲国家男排主教练，不知道是否是受到郎平"回归"的影响。中国女排近年的战绩不佳，是和足球成绩不佳没法划等号的。因为中国女排曾经称雄世界多年，中国男排也曾立足世界劲旅行列多年，是足球这个淘气鬼无法相比的。人们有理由对中国排球特别是女排寄予更大的期望，也有理由责备主教练的管理不严指挥不当。有趣的是国内的教头似乎都无法重现旧日的辉煌，反而让女排的成绩继续下滑。郎平被重新起用，说明国家体委的思路有了变化，郎平带女排获亚特兰大奥运会的银牌，更说明这一思路的正确。俗话说"外来的和尚会念经"，可郎平不是外人，是我中华女儿，还是中国女排前世界冠军队的绝对主力。可她又在国内排坛的体制中无编无制，是局外之人，正是这局外之人，让中国女排止住了下滑颓势，迈上了上升之道。郎平的成功说明了什么？有人把它归结为老女排的精神和意志，我则认为这过于简单化，更主要的是郎平还是那个郎平，郎平又不是那个郎平。她在国外的教练生涯和人生阅历使她能站在一个更高的制高点上来看待问题、训练队伍，再加之国外不同的训练经验为她提供了参照系，使之能出入之中，又能出入其外。没有国外的经历，郎平未见得就能带好女排，最明显的例子莫过于迟尚斌。他在到日本之前，曾在国内担任过甲级队的教练，但并没有能够取得理想的成绩，甚至让他的队伍降级，虽然原因诸多，可迟尚斌的能力远没有到今天这个份上是无疑的。可海外生活的磨砺，提高了他的水平，也锻炼了他的综合能力。因而他回归之后，万达队38场不败的惊人纪录便有了他的功劳。

其实在迟尚斌、郎平回归之前，便有少帅蔡振华的回归。虽然蔡是公派的，但他执教国家男子乒乓球队再创辉煌，也为迟和郎的回归提供了一个范例。陆游说过，功夫在诗外。是说写诗不仅停留在书本的学习上，要到生活中吸取营养。套用这句话是否可说：进步到海外，成功归去来？更何况海外独特的人生况味，更会加深他们对事业的理解，对祖国的热爱。今年是一个回归年，香港回归结束了百年的国耻。在体育界，健力宝青年队足球队为沉闷的中国足球输进了新鲜的血液，有望为中国足球在亚洲雪耻。而汪嘉伟的回归，也会带给人们一个惊喜。

（门外论道·王干专栏　1997）

谁能灭万达一道

1996年甲A，虽然水平不高，却留下了几个神话，一是八一队的高原不败，二是江洪独狼战群雄，三是万达队的金刚之身完好。前两个神话在1997赛季自然破灭，因为八一队撤离昆明，高原之高变为平原之平；第二个神话随着深圳队从甲A的退出自然也就中断了。唯一的神话，就是万达不败。

谁能灭万达一道？

我大胆预言：一、万达队金刚之身在1997年甲A的第一循环必破。二、破万达之阵的将不是申花、国安这两支强队。三、太阳神、全兴、寰岛、三星四队最有希望从万达身上获取三分。

为什么断定万达第一循环将结束不败纪录？理由亦有三：一、它成为众矢之的。万达不仅获得甲A的第一把交椅的位置，而且居然未输一场，这让其他队的面子上不好看，激起诸雄的斗志，因而万达在1997年赛季的比赛场场都将是艰难的生死战。二、队员心理会不如去年稳定。俗话说创业难守业更难，这守业难的缘故不仅在于对手的器重与拼命，还在于自己的心理发生了变化，队员难免会轻敌或急躁。三、队伍的磨合需要时间。万达队是一个进入角色比较慢的队伍，1996年赛季的第一循环的前半段的比赛从场面上都很难看出它的王者之气，这与队伍处于磨合期有关系。1997年赛季万达没有续聘去年的3名外援，又从八一队引来国脚郝海东，应该说实力有所加强。但足球比赛并不是体操团体赛，它不是每个队员实力的"单打"，而是一支整体队伍的较量。

好在迟尚斌是个1∶0主义者，他不会像徐根宝那么固执地追求难以企及的完美。

说太阳神、全兴、寰岛、三星可破它的金刚之身，是从万达自身的弱点得出的，因为万达的防守不怕阵地进攻，怕的就是快速反击。在中国甲A诸强中，太阳神是一支神奇的快速反应部队，它锐利的攻击力靠的不是力量和高度，而是轻盈灵巧的组合和突袭，这对有高度有力量的万达可以造成致命的杀伤。1996年两队的第二次交锋要不是太阳神守门员的一次低级失误，万达金刚之身哪会保到今日。全兴队去年主场也险些将万达拉下马，今年马明宇和黎兵两员现役国脚的加盟，更是如虎添翼，一不小心就能破一次记录。三星队和全兴队一样都属于辣中有巧的队伍，几名灵气十足的巴西外援将是修理万达的能工巧匠。而雄心勃勃的寰岛队，它的阵容和打法基本是万达队的"第二版"，所不同的是万达在明处，寰岛在暗处。弄不好，万达1997年的第一场就会栽在重庆大田湾体育场，成为这个新场子的"祭品"。

（门外论道·王干专栏　1997）

换帅，精明而不高明

7月14日从上海申花俱乐部传来消息，该队保加利亚籍主教练斯托伊科夫被免去主教练的职务，取而代之的是上海八运队主教练波兰人安杰依。

有些意料之中，终于换了。

这位保加利亚的人实在是个倒霉蛋。因为谁来接替徐根宝这个位置，无疑都是这个下场。徐根宝在申花队惨淡经营3年，从大牌球星范志毅到小将祁宏、张勇无不烙上了徐氏的印记。徐根宝也许是个严父，甚至是个独裁者，但这些将士们已经习惯了专制和独裁，一朝有人宣布上帝走了，这些"被压迫者"高兴之余，接着就是无所适从。老斯在这个时候接手，当然难以制服这些花果山上的猴子。不是他们调皮，而是猴王走了，凝聚力涣散了。

人还是那批人，球还是那个球，只是教头不是那个教头，成绩不是那个成绩。早在今年初时，就申花换帅的事我在文章中写过，当初徐根宝是头狮子，他让一群羊变成了一群狼，如果弄一只羊来带一群狮子，那结果是可想而知的。当年，申思为当主力，几乎闹得整个黄浦江都为他说话，如今申思是铁主力了，可申花的成绩呢？远不如申思当超级替补的时候。

申花队当初让王后军下课，让徐根宝上岗，无疑是高明的，但并不精明，因为有那么多的队员宁可下岗也不做徐家将。但后来让徐根宝远走岭南，确实精明不高明。

徐根宝远走他乡，是多年的上海地域文化造成的。徐根宝走了之后，在电视上看到接替他的老斯，我的第一感觉是王后军又回来了。不过老斯比后军还温和，比小诸葛还要小诸葛，有记者戏称斯托伊科夫比中国人还像中国人。应该说这种为人治军的方式都是一种境界，还是很高的境界，问题是上海文化里已有了太多的"战术"，需要补充的是更简朴和更直接的血性和激情，而上海足球则更需要排山倒海的霸悍之气和虽败犹荣的阳刚之骨。

抢逼围对精于计算和长于战术的上海文化来说是粗糙了点，是过于北方化了点，甚至过于乡村化了点。徐根宝重铸申花队的方法有点像马骏仁训练王军霞们的方法，就差找一条猎狗来撵他们。家长们看不下去，观众们也看不下去，他们希望文雅的、技术的、艺术的而又精彩的比赛。上海人欣赏的是四两拨千斤的做法，欣赏以柔克刚，以巧制重，以细胜重，以谋取勇，而抢逼围有足球场变成田径场的味道，上海人的灵活、精巧、机敏全不见了。他们受不了，他们要改变徐根宝，美其名曰在抢逼围的基础上提高，实际上还是觉得上海人应该踢得更灵秀些。徐根宝采纳他们的建议，他也想讨好上海的父老乡亲。在1996年他坚持尝试运用新的战术，但不如人意，几名技术型的法国外援成为他难以舍弃的鸡肋，食之无味，弃之可惜。虽后来有所觉悟，但已晚矣，申花只能成为甲A次席，他也成为这种战术的牺牲品。

这一次换帅，是高明还是精明，不好说，但依我的看法，还不如根宝归来。

(门外论道·王干专栏　1997)

游戏笔墨

都说足坛迷信，不但国人信，洋人也信。

如今电视剧组开机，要烧香敬佛供猪头。不知道有没有球队在赛前去烧香求签的，如果灵的话，那该算广东宏远的香烧得最少，要不怎会排名倒数第一？信不信由你，说不说由我，世界真奇妙。足球更古怪。

北京国安，用了金指导之后，因为"志扬"，所以"国安"。志不扬，国怎安？

上海申花，有了徐根宝之后，三年坐三甲。有测字者说，根深叶茂，此根乃宝根，叶必茂，花儿盛开。有徐根宝的申花队，赢得豪气，输得光荣，平得可惜。而今根宝方走，花儿便有萎态，气势不豪，斗志不旺，战绩不佳。真让人担心成了无花果。

妙在迟尚斌在万达，万达万达，万事可达，但中国有句古语说得好：欲速则不达。因而"迟"则万达，速则不达。大连万达虽然起动较慢，速度也不很快，但每场的目标可达，常常心想事成。万达曾以盖增君做过主教练，但一个"增"便是欲速之意，所以不达，所以下课，非战之过，乃姓名相冲也。

延边敖东忽地崛起，有如一夜春风，梨花盛开。何故？崔殷泽之功德也。崔氏，不仅身为本族，且名字的末字与队名的末字相叠是中国最伟大的伟人的名字，以此风范和声势去征战甲A，有何难矣。昔日蒋家国军800万尤不能敌润之之师，今日区区甲A，岂能难倒殷泽之敖东？不过，崔教头若想敖东称霸，还须有待时日，如今只不过井冈初战告捷，爬雪山过草地以及"三大战役"尚在后面。

青岛队用刘国江是上上策。何谓岛，水中之陆地是也，无水则岛不存矣，水大则岛在矣。国江正好，非汪洋，非溪流，辅助青岛乃天作之合。

殷铁生坐稳这把交椅三年有余，全在名副其实。泰山当然需要硬汉，将军无铁怎能生？更重要的是这一"殷"字有一股柔和之气，使得泰山将军不致阳气过盛。

东风吹，则全兴。常言道东风化雨，四川乃水泽之国也。余东风得天时地利。

徐根宝去了广州松日，该是相生之处，根宝则松高日增，虽暂无花可摘，但阳光明媚便无风无雨。根宝这位风传相信命运的教头，肯定是看到了这一点。他一再南下，其实是人在南而心在北。他最渴望的是此去北上招旧部，重整旧山河，杀入世界杯。

八一队是阳盛火旺之伍，选择昆明作为主场是吉祥之地，云南素来以阴柔见长，阴阳互补，更加以刘国江的水到渠成，因创高原不败奇迹，获近年最佳战绩。

此番言语，纯属妄言。拆字游戏，人人可玩，巧妙不同，乐趣不同。

（门外论道·王干专栏　1997）

中国队的秘密武器

关于世界杯亚洲赛区外围赛的决赛中国队的分组情况已有多人说过利弊，从天时到地利，从文化到人和，都一一论述过。奇怪的是一派乐观情绪，除了曾雪麟认为是个"下签"以外，几乎圈内圈外的人士都很满意，连一向低调的戚务生也破例对分组结果表示满意。唯一不满的是西亚圈可能出现的猫腻，还有旅途劳顿问题。有利的因素是把中国队视作西亚"克星"。

这其实都是经不起推敲，站不住脚的。

旅途劳顿是一个伪问题。现代交通工具的发达，已经把这个问题消解了。如果在空中多飞了几个小时，就有了旅途劳顿的问题，那甲A联赛常有球队乘火车到比赛地点参赛，时间常超过这空中的几个小时，这不应成为理由，更不能作为不利因素。打主客场都有个旅途的问题，多一两小时少一个小时就影响球队的水平发挥，也太敏感和脆弱了吧。记得1995年足协杯在南京决赛，当时上海申花队是飞到南京的，而距离较远的济南泰山队却是坐火车到南京的，可谓有旅途劳顿，可最终结果却是劳顿之师战胜了安逸之军，山东队捧回了足协杯。旅途劳顿之说显然不成立。

猫腻说也只是一种猜想，要让人家玩猫腻的条件是你有进入前两名的能力而最终被刷了下来。而按照现在中国队的实力，是不具备前两名的水平的。在这种情况下应是中国队如何利用人家的破绽去玩人家的猫腻。俗话说赤脚的不怕穿鞋的，实力强劲的沙特队、伊朗队完全可以靠实力去证明自己的水平，一般情况下不大可能去玩火,去冒这么大的风险的。

克星说也不成立。所谓克星,该像韩国队克中国队这样,关键时候总置中国队于死地。而中国队对本组的西亚四强,对哪个队可以说是每战必胜?不能把互有胜负就说成是人家克星。中国队只是不怕西亚队而已,但又有哪支西亚队怕中国队呢?人家不怕你,何克之有? 那我为什么还要看好中国队的前景呢?因为中国队有秘密武器。这秘密武器不是健力宝队员,也不是什么高明的战术,现在中国队的教练和队员还拿不出什么秘密武器来,能拿出秘密武器的都是强队。中国队的秘密武器在对手身上,因为这些对手轻视中国队,有的甚至视中国队为"鱼腩",分组时至少有5个队愿意和中国队同组就是一个明证。主要是1996年戚务生带的两支队伍在亚洲洲际比赛中表现窝囊,国奥队在守平小组出线的情况下被韩国队灌了个3∶0,而国家在亚洲杯的表现更让人啼笑皆非。在这种情形下,树大招风,各队纷纷把主要矛头对准了沙特和伊朗,都以击败强队为荣,这倒给中国队有了可乘之机。孙子兵法曰:"攻其不备,出其不意。此兵家之胜,不可先传也。"由于戚务生之前用了障目法(我们姑且视作是有意为之的"诡道"),亚洲各队对中国队的实力并不能正确评价而在对策上不能认真对待,这就为中国队充当黑马提供了温床。

这就是中国队的秘密武器。

希望西亚的足球官员看不到此文,否则秘密武器就失效了。

(门外论道·王干专栏 1997)

知耻而后勇

10月3日这场中国足球保卫战在大连金州打响,谁都明白这场胜负意味着什么。

这是一场捍卫中国足球荣誉的战斗。虽然中国队赢了这场球还是到不了法兰西,但是它要通过这场球来说明中国队不是鱼腩,中国足球不是好欺负的。

这是一场保卫中国足球职业联赛的比赛。即使这场球输了,中国足球职业化的进程也不会受到影响,但中国足球职业化的意义则要受到怀疑。

这是一场保卫中国球迷的比赛。虽然这场球的胜负球迷都能承受,但球迷心中的那口恶气不能出掉,会让球迷的心理更加低迷而绝望,从而患上精神的癌症。

这场球不能平,只有分出胜负。沙特队想平,中国队决不答应。这一次是到了宁可悲悲壮壮地死,也不窝窝囊囊地生的时候了。当然,中国队窝囊能生,也可韬晦一下,问题是现在已到了只有悲壮输赢的境地了。如果三场比赛一场未赢就被淘汰出局,那不就是戚务生一个人的奇耻大辱,也不是中国足球的奇耻大辱,而是中国数以亿计球迷的奇耻大辱。虽然球运兴,不等于国运兴,但足球在后冷战时代所体现出来的特有含金量已不是一个球的事了,它的功能无疑被放大被夸张了,它已不由自主地与民族精神、国家荣誉这些崇高的事情联系到一起。上海市在发展足球时就有一句名言,说一流的城市要有一流的球队,其实是把后冷战时代的足球观念用到城市形象的铸造上。虽然足球场上的胜负只是出现在足球场上，但它在短期内引起的那种特殊的非足球效应远比许多空头说教更有说服力。这也是一些国家和一些城市为什么不惜代价要把足球搞上去的原因。

这样说有夸大足球功能的嫌疑，但10月3日这场球如果不赢的话，我们至少将会少看很多场比赛。因为彻底输掉，积分垫底就成了陪公子读书，让球迷去看无望的比赛那不等于是慢性自杀？中国球迷无缘欣赏到自己的球队在世界杯上的表现，四年一度的外围赛就成了中国球迷最激动人心的时刻，渴望自己的球队进入世界杯，比渴望自己的球队在世界杯上有所作为还要激动人心。中国球迷也就剩下这一点点的乐趣，如果这一点点的乐趣也被过早的出卖和剥夺，真是太残酷了。

幸好中国足球队挽住了颓势，又把中国球迷看球的乐趣还给了球迷。张恩华冲身一顶，中国足球悬念再起。

我想起了那句古老的格言，知耻而后勇。

还有，两强相争勇者胜。

谢谢中国足球队又让我们带着心跳在电视机面前为中国足球加油了！

（门外论道·王干专栏　1997）

穷人发财如受罪

十强战中国队在大连金州体育场首战伊朗队,以2∶4的尴尬比分输了。没有人想到会以这样的比分结束比赛。

戚务生没有想到。

古汗也没有想到。

我也没有想到。我当初认为这场比赛最理想的结局是踢平,以1∶1言和。我认为该是伊朗队先进一球,然后中国队艰难地扳进一球,然后裁判的终场哨声响起。然而没想到中国队先进球了,而且先进了两个。这反而激起了伊朗队的取胜欲望,他们的还击是那样的不容商量,硬是在区楚良把守的大门里活生生灌进了四枚阿拉伯开心果。

中国队在90分钟里打了55分钟的好球,剩下的时间便成了伊朗队的进门表演,平均9分钟进一个球。这不像两个势均力敌球队的对局,倒像是弱肉强食的一边倒。整个比赛的节奏全然控制在伊朗队手里,中国队忙着招架,忙着补漏,忙着大脚解围。何故上下半场判若两人?何故防线如此弱不禁风?

心理。心理脆弱。心理素质太差。

李明、姚夏、于根伟三名前卫队员是中国队打"451"阵型的本钱,因为他们充沛的体力和顽强的作风在中国甲A球队中都是一流的,都有"跑不死"或"拼命三郎"的绰号。然而半场下来之后,他们居然先后抽筋了,体力大大打了个折扣。既说明他们不惜体力拼得厉害,也说明他们的心理过于紧张,兴奋得太早,不能合理地利用好体力，使原本够用的体力只发挥了五六成。那些没有抽筋的队员，体力也明显下降，跟不上伊朗队的攻防节奏。相反伊朗队上下半场都能以较好的体能进行比赛，并把握住机会屡屡破门。看来体能不仅是一个体能问题，它与队员的心理状态是密不可分的。

两球以后的失常表现更说明平常的心理训练之缺乏。因为中国队教练组事先做好了种种准备，打不开局面怎么办，先输了球怎么办，领先一球怎么办，就是没想到2:0领先怎么办。或许中国队队员对这大感意外的2:0太缺少心理准备了，以致反而不知怎么踢才好了。在伊朗队大举反攻之后，先自乱阵脚，想保住胜果，但不知如何是好，阵型反而散了，中场丢了，很快被扳平。在被伊朗队追平之后，心理就更加糟糕了。如果这个时候冷静下来，控制一下节奏，把自己放到弱者的位置上，坚持打防守反击还是稳妥的，虽然取胜的可能很小，但逼平的目标还是可以实现的。然而想从实力比自己强的对手手中取三分，风险是很大的。尤其在已经失去平常心的情况下，无疑是九死一生。

大赛来临，队员的心理训练也是提高实力的手段之一。遗憾的是那天出现的问题并不是第一次，去年末亚洲杯上与沙特争夺前四名的入场券，中国队也是在2:0领先的同样情况下被对方攻入四球的。这次重演，教练！让我怎么说好？

(门外论道·王干专栏　1997)

回到甲 A

尽管还有一场比赛这一届中国足球队的使命才算完成，但所有球迷甚至包括国脚在内，早已为它划上句号。11月12日对科威特的这一场比赛，是为荣誉而战，也是中国足球队的告别赛。没有人再像过去那样关心结果了，只有球员们还须为自己的荣誉和身价（新一轮转会即将开始）而战。而他们假如有出色的表演的话，不是为主教练和教练组争光，而是讽刺。为了让戚务生和教练组退出国家队时面子上不太难看，我还是希望他们踢得平庸些，最好以平局收场，皆大欢喜，三方满意，两队都有"荣誉"，球迷也不会"雪上加霜"（胜负都会受球迷的谴责）。说实在的，中科两队的水平也就是彼此彼此。

还是把我们的目光回到甲 A。

甲 A 没有戚务生。我们不需"有气毋生"，可以嬉笑怒骂。

甲 A 没有教练组。我们不必担心不团结，可以说东道西。

甲 A 还有崔殷泽，他的球队比韩国队还要多一分自信和勇敢。

甲 A 还有安杰伊，他的上任有点像卡塔尔队主教练哈吉临危受命。他或许有望执掌中国队的教鞭，当然，前提是他将申花队带出困境走向辉煌。

甲 A 还有范志毅、郝海东、高峰，在经历了一串的失败之后，他们在俱乐部里应该更像一个国脚。国家队解散了，没有了国脚，这些昔日的国脚千万要争气，千万要自爱自重，在新的国家队组建之前，你们仍然代表着国家的"脚"。

甲A还在等待徐根宝,他的命运比中国队冲击十强更悲壮,更像男人。

回到甲A,是无可奈何又不是无奈何,无可奈何是因为将会在很长一段时间内看不到中国队的身影了,国人的比赛只有甲A还可一看了。说不是无可奈何,是因为甲A是中国足球的基础,是中国足球下一轮冲击世界杯的起点。

中国足球队铩羽而归,球迷从希望走向失望。回到甲A,从终点回到了起点,球迷又从失望走向希望。

这是一个怪圈。

又是一个轮回。

躲也躲不了,出也出不去,那就认了吧。

这就是中国球迷的命。

希望甲A不要踢得太熊,尤其是那些降组的队,要像卡塔尔队那样,踢出个男人样来。这是中国球迷的最后一道风景线。

(门外论道·王干专栏 1997)

错 位

中国足球职业联赛开展以来，一大特点就是错位。球员经济收入和技战术水平的反差形成了错位。在甲Ｂ球队踢球会比甲Ａ的收入更高，这是一大错位。表面上是俱乐部制，但很多球队却依然是体委甚至是政府在操作，这又是一个错位。军队教练到地方执教，地方教练到军队执教，这样的错位很符合我国军爱民、民拥军的传统。球迷的水平早就冲出亚洲，可进世界杯，而球队的水平则徘徊在世界杯的外围，甚或外围的外围，这又是一大错位。至于足球人口与球迷不成比例，一线队伍与二三线队伍的倒金字塔形，又是不该有的错位。还有国家队商业比赛的成绩与正式比赛成绩的错位，也是让人喜得不是时候，忧得想躲也躲不开。该赢的赢不了，不可能被中国队打败的强队却在无关紧要的比赛中多次栽在工体，以致有了"工体不败"这样的纸糊神话。

在足球场上最明显也最有趣的错位就是后卫当前锋，前锋当后卫，因而有"后前锋""前前锋"这样的怪称谓。多年之前，还是曾雪麟时代，曾有人建议让当时攻守出色的贾秀全去到前锋线拼杀，补当时的中锋之弱。如果曾教练当时不是拘于陈规的话，或许就没有了"5·19"揪心的一幕，或许中国足球的历史就改写了。历史是不能假设的，曾教练当初没有让队员去错一下位，正是因为中国足球的改革没有全方位展开，教练员难免拘于某种格局。甲级联赛展开以来，两届中国足球先生偏偏落在两位中国后位出身的前锋（一是黎兵，一是范志毅）身上，说明了队员踢活了，教练用人也活了。这几年的锋卫错位的现象不光是一种战术的问题，还与思想的解放、教练思维的活跃相关。

因而不要一看到错位就以为是错误或是过错，中国足坛的错位现象是特定时期的产物，是足球运作机制转换过程的必然现象。它可以给球队带来活力，当然也会有负面影响。它的种种错位都是暂时的、迫不得已的，并非常态而是异态。这种异态产生的张力也是有限的，可以用于一时，不能视作经验和模式。可以用作奇兵，却不可视为常规军。就像锋卫互换的问题，并不是说明我们的队员是全能型的，恰恰反映了以往足球的局限，前锋能打后卫、后卫能打前锋正说明以往在队员位置培养安排上具有严重的缺陷。虽然足球运动是一个整体，但每个运动员仍然有自己的位置，仍然要有自己的特长，否则就难说是一个很有特点的队员。事实上，这种锋卫错位带来的机制到1997年已开始显现它的负面效应，黎兵重操"旧业"再打左后卫，便说明真正的健全的足球运动需要强烈的位置意识、岗位意识。"错位"作为权宜之计或用兵怪招，不可视作正果。

(门外论道·王干专栏　1997)

足球与迷信

徐根宝这么一个足坛硬汉子，居然相信一些在我们这些唯物主义者看来是迷信的东西。他执教申花队和松日队，据说都受到算命先生的暗示，你的好运在南边，向南向南。此话真伪尚待考，但徐根宝有些迷信却是真的，比如一定要住什么样的饭店，一定穿什么样的鞋，对根宝来说都有讲究的。上行下效，范志毅也有一双得分鞋，据说穿上它一定能进球。这些看来有些玄的"信奉"，有时候还真灵。比如，1995年足协杯决赛，在选队服时，殷铁生一定要选择申花队吉祥的白色上装，与徐根宝发生了争执，最后，当时气势雄壮的申花作了让步，徐根宝没有坚持到底，将白色上装让给了济南泰山队，也把胜利拱手让出。徐根宝为此肯定后悔不已。要不，风头正劲的申花队怎会丢弃将"三大杯"（甲A冠军、足协杯、超霸杯）一揽无余的最佳时机？再有就是徐根宝执掌申花教鞭期间，始终让申思当超级替补，名曰是他的体能不行。有人推测说，其实是口彩不好，申思在吴语里就是申输的意思。未曾上场，就有了申花输了的兆头，根宝当然不愿意。1997赛季，根宝离去，这一忌讳自然没有了，申思打上了主力，而申花队竟真的频频输球，而且越输越多，越输越奇，创造了9∶1的天文数字。这该是纯粹巧合，因为申花输球，申思本无过，而是诸多因素造成的。千万不要因为这一玩笑，影响教练对申思的重用。

不仅徐根宝，其他的教头，也大都有此心思。1997年八一客场战青岛海牛，八一硬是要了青岛队爱穿的黄色队服，场上形势果不一般，虽然李巍终场前的一脚破门替刘国江挽回了面子，但踢平了，对客场作战的八一队来说是虽平犹胜。1996年沪连大战，当时张恩华拿了两个足球请申花队队员签名，说是球迷协会要的，而申花队硬是等打完之后再签，因为这是万达队搞的小伎俩，以此来暗示2：0的胜局。申花队怎会上此当？结果果然未分出胜负，0：0踢平。

地方队如此，国家队的教头也不甘落后。早在四年前的世界杯预选赛，中国队的主场设在成都，我不大理解，说是成都的球市好，看球的人多。其实不然。而是成都的口彩好，成都成者，成功之都，不像北京的北字，在古汉语里有败之意。我明白了这一择地的苦心之后，也暗祝愿中国队心想事成。然而，没想到成都倒是场场告捷，但在客场伊尔比德却先平也门后输伊拉克，使得后来的比赛成为表演赛。

这一届国家队再度冲刺世界杯，主场最终设在大连。谁都明白，戚务生和中国足协的高层领导看重的是大连这块风水宝地，万达队连续不败，大连的主场也是北方不败。这足以让戚务生动心，更何况国脚主力阵容中有四五名来自大连，教头大戚、大迟又都是大连人氏。借故土的地利，以壮行色，借万达的手气，以获胜绩，此举可谓一片苦心，可谓明智之策。大连，作为一个港口，本是连接世界各地的一条纽带，愿大连港发挥新功能，成为绿茵上的欧亚大陆桥，将中国足球连到法兰西世界怀。

（门外论道·王干专栏　1997）

健力宝与徐根宝

以中国青年队名义出征的健力宝足球队在马来西亚世青赛上，一场未赢。

让人失望。失望超过对国家队的失望。

人们对国家队的期望不高，甚至没有期望。我曾对好几个球迷朋友说，中国队极有可能这次亚洲出线，走向法兰西。他们嘲笑我，小组出线，亚洲还轮不上戚务生。

我很伤心，怎么会这样呢？

原来他们移情，他们将期望移至健力宝。

健力宝败了，准确说是没赢。

我能想象电视机面前那一张张疑惑不解的黄皮肤的脸。我对李金羽们期望不高，1995年秋天他们在南京五台山体育场败给高举高打硬朗的山东队之后，我就觉得他们不可能在短期内成为中国足坛的救世主。谢晖说，像他们这么打甲A，打一场输一场。此话虽然有些绝对，但是切中要害的。山东队与美国队和爱尔兰队的硬朗比起来，实在是小巫见大巫了。虽然他们与真正硬朗的欧美强队相比，有一大截的距离，但以此来作为健力宝队的克星已绰绰有余。在马来西亚世青赛场上，我们没有看到巴西风格的足球，我们看到的是中国足球，实行职业化之前的中国足球。虽然有几个技术和意识优秀的队员，但全队的表现实在不敢恭维。体能差，速度慢，传接钝，争胜负的意识不明显，要不是新加盟的守门员李蕾蕾的出色表演，恐怕还要输得更惨些。

健力宝到底缺什么？

技术，公认一流。

体能，李铁不练12分钟也能跑出3200米。

经验，在国外以赛代练，有两百多场的比赛经验，几员国脚更是参加过世界杯预选赛这样的大赛。

生长环境，最好的足球环境——在足球王国巴西泡出来的。

总不能说没有钱的诱惑吧。

那缺什么？

缺徐根宝。

健力宝队的球踢到这个份上，练到这个份上，就少徐根宝球队特有的那股霸气和胜负心。徐根宝当初带的国奥队，前几年带的申花队，现在带的松日队，队员都有那么一种抢逼围的精神，敢于进攻也敢于防守。可健力宝似乎没有做到敢字当头，他们太粘球，在徐根宝的队里经常看到队员断人家的球，而健力宝队最近的几场比赛上，光看到的是他们被人家断球，断得让人揪心，断得让人汗颜。

徐根宝是个好教练，他的缺点是在教技术活方面差点，而这正是健力宝队员的强项。假如让徐根宝来执掌这支队伍，我敢说，打败韩国队、击溃日本队、追上沙特队指日可待。可惜，这只是个假如，徐根宝不可能有这个机会，健力宝也要解散，作为"火种"撒出去。

（大众生活报·边看边谈　1997.06.27）

莫爆炒徐根宝

徐根宝注定是一个新闻人物，他在国奥队是个热点，到了国家队也是热点；到甲Ａ是传媒关注的对象，到了甲Ｂ也是传媒爆炒的人物。1997年的冬季，虽然国家队在十强赛铩羽而归，但球迷的心并不因为国家队的失利而心灰意冷，他们很快又找到了新的兴奋点："保卫徐根宝。"因为徐根宝带领松日队之初，发下誓言，不进甲Ａ，不当教练（我印象之中是退出足坛，之后传媒变成了不当教练，可能是给徐根宝下台阶），而战罢最后一轮，他的松日队犹排名第五，若不是最后一役豫园队帮忙，建业队不争气，徐根宝恐怕不知用什么办法来兑现自己的诺言。

虽然没有人逼着他兑现，但徐根宝是个说一不二的人，从赛后他那句"谢天谢地谢人"就可以看出他并没有找到比不退出足坛更好的退路，也就是说他是一个不肯退出足坛的人。他当初的誓言有点"错误估计形势"。所以，徐根宝坦然承认他执教松日队是失败的。但传媒并不放过徐根宝，近日呼吁徐根宝出任国奥队、国家队的呼声又高涨起来，一些报纸不惜篇幅大肆渲染，非要炒到新一任的教头上任才肯罢休。依我看来，眼下莫要爆炒徐根宝，这对中国足球、对中国球迷、对徐根宝本人都不是一件有益的事。

第一，徐根宝这些年一直在绿茵场上拼搏，一直在制造新闻，始终没有机会好好进行反思，如今适逢中国队冲击世界杯失利，他带的松日队也是不成功的，他有条件将自己近几年带队的经验教训和国家队的经验教训复合起来参照总结，从中能够悟出些道道来。因为前几任国家队教练往往都是在顺手时接任国家队，凭当时的成功经验带队，而不能冷静全面地理解中国球队，而徐根宝这一次是在带队不成功的情形下去接国家队，（假设有这样的需要的话）更需要足够的时间进行"总结"。这是他走向下一步辉煌的关键所在。如果现在让他频繁地成为新闻的"聚焦"，只会干扰他，无助于他的反思。

第二，中国足坛从来不缺新闻，现在缺的是"正视淋漓的鲜血"的决心和勇气。亚洲十强赛何以会输得这般，为何不能换教练，为何文过饰非，为何到了大败之后才给自己定位，赛前又是如何定位的，等等。炒热徐根宝并不能治这些症结，如果这些问题搞不清楚，徐根宝也会再度折戟沉沙的。无论是徐根宝还是其他的教练来担纲中国队的教练，都需要良好的足球环境和机制。

第三，徐根宝不是神，千万不要神化徐根宝，到时球迷的期望值高于徐根宝的实际能力，形成了反差，反而影响球迷的心态和徐根宝的心态。更何况徐根宝现在未必就是中国足协看中的人选，倘若到时执掌中国队的非根宝而是其他人，这种误导就不利于新的主教练的工作。

不炒根宝是为了让根宝好好地工作，好好地总结，也是为徐根宝能够为中国足球多做一点事，多作一点贡献，否则炒糊了，是中国足球的损失。

(门外论道·王干专栏 1997)

没有根宝，甲A好凄冷

根宝离开了申花，把激情也带走了。
根宝离开了甲A，把凄冷也留下了。
1997甲A刚过九轮，就大局已定。
万达一骑闯关，已无人可阻。
粤军津降组也大致明朗。
下面还有啥好比，下面还有啥悬念。
除非延边敖东队连胜十场。
除非大连万达队连不胜十场。
连胜十场的纪录已有根宝创下。
不败四十二场的奇迹仍握在迟尚斌的手中。
没有徐根宝和迟尚斌扳手腕，万达好寂寞。
寂寞得孤独求败，寂寞得足坛凄冷。
有词为证，调寄"绿茵歌头"：

遥想根宝当年，1994年初到申花，弃后军旧将，试抢逼围，狂胜狂败，根宝国宝，根宝草宝，沪上言语忽上忽下，一时浦江，两岸褒贬如潮。1995年再创新业，解放范大将军，谢晖勇，祁宏出，张勇疯，一时多少豪杰。称甲A王，举超霸杯，三十余载冠军梦，一朝还愿。1996年甲A大战，尾随万达，步步为营，双雄争霸，二龙抢珠，洒向绿茵都是谜。惜命运不济，竟七连平，主场苦战万达，难破金刚不败，望尚斌登顶，把栏杆拍遍，谁解根宝心中愿。

从1994年开始中国足球职业联赛的三年内，甲A有一半的新闻是与徐根宝的申花队联在一起的，他的"抢逼围"开始遭遇的风波至今没有真正平息。1996年徐根宝的申花队虽然没有能够夺冠，但他们紧追万达队的情景为足坛增添了无数的悬念，使得万达队在上海客场比赛时迟尚斌几次冲出教练席质问裁判。而如今，已是国家队教头的迟尚斌，已领先第二名11分万达队的迟指导，决不会如此激动了。如果有谁不小心破万达的不败纪录，迟教头肯定要面露谢意：早该破了，这个包袱我们背得太久了。

这就是今日的甲A，这就是没有徐根宝的甲A。

甲A热闹的期望，如今已维系在崔殷泽的教鞭上。

希望这位来自高丽的老教授为甲A火一把。

(门外论道·王干专栏　1997)

陈亦明兵法在胸

陈亦明"下课"的消息传来，让人感到的不是意外，而是一种戏剧性。陈亦明与太阳神队的关系像一出理不清解还乱的爱情戏一样，恨恨爱爱、爱爱恨恨、爱恨交加，喜怒无常，时断时联，时联时断。这一次好像是划上了一个句号，主要是以陈亦明近年来的"足球思想"不再可能与太阳神队吻合了。

陈亦明在中国足球职业联赛展开以来，可以说是一个仅次于徐根宝的风云人物。他或许是中国教练中最有职业意识的人。在各队没有想到可利用队员流动来提高自己的实力之时，他率先做了第一个吃螃蟹的人。但陈亦明没想到中国足球的特殊性，到第二年他再度挖墙脚时，结果却是反被人挖，放了谢育新，却得不到自己的想用之才。地方上的行政干预让陈亦明空手而归，结果是宏远队人心散了，成绩一落千丈。

陈亦明自己走人。

再度来到了太阳神队。

陈亦明这个教练有他的特点，也有他的弱点。人们常说上海的王后军教练是个"小诸葛"式的人物，但已久不见其施展妙计。这些年倒是陈亦明扮演了甲A的智多星的角色。陈亦明是一个能够发现他人漏洞的角色，比如甲A各队普遍怕硬冲硬打的硬朗打法，他就引进黎兵、马明宇来塑造"新广东风格"，一举成功。要不是那一年遇到徐根宝这样的对手，陈亦明或许有冲顶摘冠的希望。

"十连冠"辽宁队这几年连遭厄运，谁也没想到，竟是陈亦明首先坏了人家的风水。先是挖走了黎兵，让辽宁队的擎天一柱倒了。接着又发明了让原前锋盯前锋的绝招，让凌小君看死庄毅，又废了辽宁队的一把短剑。之后，"盯死庄毅，可治辽军"，各队竞相仿效，直把辽军压至甲B至今不得翻身。

今年以来，陈亦明亦有几次用兵的妙招。年初太阳神能排第三，全在于陈亦明以收缩打法偷袭人家，以致不可一世的万达队在与太阳神对垒时，小心翼翼，精心准备，打平了也十分满意。非太阳神的实力能和万达较劲，而是陈亦明的布道让诸教头胆寒。之后，又以牛皮筋的战法拖平了风头十足的敖东队。虽然功利的打法让人们谴责，但作为用兵之道，陈亦明算是"对症下药"，以静制动，以缓制快，扬长击短，避虚就实，亦明堪称甲A孔明。

惜乎中国足坛的教练不只是军师，教练还要教队员练。在这一点上，陈亦明只是一个三流的教头，他会用兵，却不会练兵。这些年来，他手下没有造出一个光彩夺目的新人来，便是明证。在1997年甲A第一阶段休整期，各队通过集训水平都有了一定的提高，而太阳神队则没有任何长进，反而有了退步。其实早在宏远队时，他的这一弱点就暴露了。当时以宏远的实力该在申花之上，但由于徐根宝善于造血，便有新人涌现，而陈亦明过于迷信临场的战术，终落下风。

陈亦明是个好军师，到国家队去辅助戚务生，或许是个好去处。但国家队教练组已人满为患，陈亦明只有暂时在家继续读兵书了。

(门外论道·王干专栏　1997)

祝戚务生1997年好运

戚务生是近几届国家队主教练椅子上坐得时间最长的一位，由于中国足球的水平和球迷的期望不成比例，中国足球队的主教练善始者不少，"善终者"尚无，大多乘兴而来，怅然而归。土教练如此，洋教练也如此。教练换了一个又一个，中国队碰壁一次又一次，从世界杯的外国赛到奥运会的外围赛，从亚运会到亚洲杯，从国内输到国外，从韩国队、伊朗队、伊拉克队输到泰国队、新加坡队、香港队，大赛输，小赛也输，强队输，弱队也输，前几年尚有遇强不弱、遇弱不强的定论，可现在遇弱亦弱遇强更弱，让无数球迷伤透了心，让无数球员受够了累，让历届教练受够了罪。国家队主教练成了一个热山芋，看得吃不得，扔了舍不得。

很多人认为这是一个球运问题，苏永舜和徐根宝都吃亏在净胜球上，高丰文差了几秒，曾雪麟的"5·19"更是球运不佳所致。球运一方面是实力的表示，另一方面也确实有一个机遇的问题。比如分组，比如裁判的精神状态，比如球员的超水平发挥，都是可遇而不可求的，连巴西这样的强队也不例外。

戚务生应该说是一个球运不差的教练，甫一上任，出征亚运会，分组极佳，韩国、日本诸强在另一个循环圈里相继火并，而中国队碰到的科威特队是海湾战争后的首次复出，算不上亚洲强队，沙特以国奥队出征，当时尚欠火候。所以大戚首次出征就拿个亚军，是个好吉兆。之后，戚指导的国家队1995年的几场商业比赛中又连克欧美诸强，虽然与对方不太重视有关，但有几个进球不能不算是球运好。到了1996年,国家队好像好运用完了,戚务生也仿佛交了华盖运,先是国奥队兵败吉隆坡,而后国家队在商业比赛中相继失利,之后在年底的亚洲杯上一胜三败,成为历届国家队参加重要国际比赛成绩最惨的一次。戚务生也顿生退意,放弃教鞭。这般离任,当然是很凄凉的,然而,戚务生又一次侥幸留任,国家队连续两次受创,而主教练未被解职,比之前几任主教练的"立即执行",戚务生是最幸运的。虽然国家队主教练的日子很可能是一个"缓期执行"的问题,但戚务生毕竟有了"戴罪立功"的机会。种种迹象表明,戚务生在1997年的运气会转好:让他留任,是其一;健力宝队员的加盟是其二,国家队的某些位置会得到改变。更重要的是戚务生从失败中看到了更多的不足,让他变得清醒和奋发起来,这是历届国家队所没有的条件。再者,从运气的概率来说,戚务生也该抓一两手好牌了。

这或许是一个痴心球迷的美好愿望。面对中国足球在世界杯预赛中的坏运,祈求一下命运之神的保佑,或许是每个痴心球迷的美好愿望。祝戚务生好运,祝中国足球队福星高照。

(门外论道·王干专栏　1997)

戚迟金不是三个和尚

这篇文章的标题若用英文的写法该是"QCJ"，倘这么做，人们一定以为是某电子产品，比如现在时常出现在中央电视台的"TCL""NEC"之类的广告。而现在用中文写来，倒很像一位中国人的名字。而且很像一位有点文化的北方农民的名字，虽然有点老气横秋，但颇有后发制人的味道。用中国的测字法，从一个人的名字来研究预测一个人的性格的培养和命运，是一门玄学，是一项不可当真但非常有趣的文字游戏。

戚迟金并不是一个名字，是三个人的姓。球迷当然已经知道我在说谁了，我说的是中国队教练班子中的三位教练：戚务生、迟尚斌、金志扬。虽然主教练依旧是戚务生，但迟和金的加入，无疑让这位在风口浪尖上滚了多年的苦脸先生的权威受到了削弱。迟和金并排进入球场教练席时，其风度和派头甚至比戚务生更像主教练。

国家队一下子设立三个重量级相当的教练，而不是以往的"主次次"的等差数列方式，显示出走险棋的架势。但这步棋若走得好，便是一个奇招。因为三个人各有所长，迟尚斌作为中国"AC米兰队"大连万达队的主教练，创造了连续39场不败的奇迹，在用兵和用人上显然是老谋深算。金志扬执教北京国安队，以爱国的豪情和出色的谋略每每在外战中充当内行，虽然让他声名远扬的是一些商业性的比赛，但御外的斗志和经验方面，金志扬可说是第一人。金的最大好处，是更像一个政委，据说他每次的临战动员都极为

煽情，都让队员觉得这场比赛可歌可泣。政委这种特定的身份是中国人民解放军克敌制胜的重要法宝，在过去的烽火岁月里曾发挥了无可替代的作用，在足球赛这种和平时期的特殊战争中同样可以再现光辉。特别是近几年职业联赛展开以来，球员的经济基础与精神状态有些失重的情况下，金倡导的感情投资和精神力量就犹为可贵。他们三人的力量如能拧成一股绳，就可以扬长避短，将中国足球有限的智慧发挥到一个极致。虽然中国足球的教练水平与先进国家的教头差距不小，但集体之智慧亦能与之抗衡。这可能正是中国足协考虑再三的思路。

但1+1不一定等于2，可能小于2，也可能大于2；1+1甚至可能等于1，或小于1。这也是我将这一举动称之为"险棋"的来由，它有一个极大值和极小值的伸缩性。这有点像股票，而不像放在银行里的储蓄。前者收效大，风险亦大，后者利息旱涝保收，可价值有限。面临世界杯外围赛，中国足协将银行的存款砸到股市上，一是说明光靠存息不够，二是说明足协的决心和拼劲。有一句流行歌曲唱得好，敢拼才能胜。

戚迟金不是三个和尚，而是将中国足球拉入法兰西的三驾马车。

这是祝福，也是理想。

(门外论道·王干专栏 1997)

戚务生的"亚运情结"

戚务生命中与亚军有缘。带广州太阳神队,亚军。带大连万达队,亚军。带国家队最好的成绩,1994年亚运会亚军。围棋界的俞斌有"万年老二"之称,戚务生的性格和作风,也不是做出头鸟的角色。

戚务生从1991年能撑到现在,可说是一个奇迹。单看这几年甲A教头的名单之杂之繁,就可想象主教练这个位置是何等的险要。除了余东风和殷铁生尚未下课外,其他队的主教练早已人面不知何处去了。余和殷未下课的原因,是两队的成绩并不糟糕,而中国国家足球队近两年的成绩实在不敢恭维。特别是1996年,戚家军几乎每战必败,先是国奥队兵败默迪卡体育场,创近十余年来国奥队的最差成绩,年底又在亚洲杯上出尽洋相,连各种国际友谊赛(现在叫商业比赛)也屡战屡败。也难怪戚务生在亚洲杯后,叹道:归去来兮,田园将芜,胡不归!

戚务生终未归去,继续留住。原因并不在于备战世界杯时间够不够的问题,而在于中国足协对他有一种不后悔的信任感。这种历届主教练难得的信任感,并不仅仅在于他的勤思和质朴,而在于他上任伊始的好战绩。1994年他刚从施拉普纳的手里接过教鞭就在亚运会上夺得亚军。这个亚军虽然有点偶然性,但对中国足球自1984年后堕入的长时期的低谷来说,无疑是一道曙光。人与人交往讲究第一印象,主教练给足协和球迷的第一印象就更加重要了。遥想根宝当年,也是集国奥队和国家队的帅印于一身,然而出师未捷,虽然"横下一条心,一定要出线",却因净胜球

斗不过西亚联合体，便只得将双印交出，成为中国足球队历史上最短命的主教练。倘若徐根宝的国奥队不兵败马来西亚，哪有施拉普纳这样的足球喜剧在中国上演呢？

　　因为有了亚运会这样的佳绩垫底，戚务生在执教国家队时就时时照搬这样的模式，从阵容到打法，他都是抱着1994年亚运模式不放。虽然在韩国队的硬朗打法面前连续输球之后，一度也喊出"与其窝囊赢，不如悲壮地输"这种豪言，但不久就重新改弦易张，又回到1994年亚运的套路中去。这一次外围小组赛上便是一次完美的复辟。综观近几年的国家队的阵容，大戚情有独钟的还是当年在亚运会上的班底。不论区楚良的情况如何，主力门将从不会变，前锋线上，虽有宿茂臻、小王涛等新的高佬崛起，但黎兵从不弃用，魏群虽早不在状态，也仍要占一席之地，1994年亚运之后表现就平平的姜峰现在二进宫，李红军也大有卷土重来之势。这都是因为1994年亚运的胜利使戚务生对这些球员留下美好而深刻的印象。相反，同是戚家军的国奥将士就明显有后娘生的感觉，吴承瑛、谢晖、申思、朱琪等人的水平在一定时间内比上述国脚要好，就是不被重用。这一次，姚夏、于根伟、邹侑根、胡云峰的人选，是戚务生想从他们身上找到另一个人的影子，这个人就是曾经搅得各队防线紊乱的金发小子——胡志军，这位1994年甲A的最佳射手亦是戚务生1994年亚运连克敌手的一把快刀。如今"胡椒"很难再度辣起来，戚务生想从上述四人身上"克隆"出一个能像当年与彭伟国等前卫们"梦幻组合"的杀手来，重温1994年的好梦。

　　大戚或许会成功。因为1994年他带队就是用这一招法连克沙特和科威特的。

（门外论道·王干专栏　1997）

非凡的平局

11月29日的两场平球是激动人心的。在甲B赛场上,上海豫园队0:0与河南建业队踢平,将一脚跨进甲A的河南建业队拉了回来,将徐根宝的松日队送进了甲A,历时半年的"保卫徐根宝之役"也因此拉上帷幕。而在世界杯外围赛附加赛上,代表亚洲形象的伊朗队以2:2逼平了澳大利亚队,昂首进军法兰西。我得到这个消息以后,兴奋得一夜未眠。

我曾撰文谈过亚洲十强赛赛制"虎头蛇尾"的缺陷,没想到真的有了"受害者"。由于西亚队相互之间太了解,伊朗队在A组赛中仅列小组第二,加之与日本队的比赛仅比一场(这是外围赛唯一没有实行主客场的比赛),赛地又设在新加坡(等于日本队的主场),虽苦战近120分钟仍终被日本队的一个金球淘汰,去与澳大利亚争夺最后一个出线席位。这之前,在去年底亚洲杯上曾被伊朗队灌进6球的韩国队却一路直奔法兰西,命运竟是如此不公平。设若让韩、沙、日、伊四队再进行一轮循环,恐怕最先冲入法兰西的就不一定是韩国队。如果伊、日之战采取主客场制,就不会有日本队的"金球",伊朗队也不会"突然死亡",然而赛制的不足让伊朗吃够苦头——至少比其他队多赛了三场球。或许是上苍这次要成全亚洲人,选择了最不怕澳大利亚队的伊朗队去迎战它,结果伊朗人特别争气,硬是从澳大利亚人手中将一张快要揣进口袋的法兰西入场券抢回了亚洲。伊朗人的胜利带有划时代的意义,不仅说明亚洲足球水平的提高,而且还向世界足坛证明亚洲三张半"入场券"的不合理。或许因为这场胜利,亚洲的席位

会增到四张。伊朗人的胜利,还暗示着这1998年世界杯上亚洲人将会有不俗的表现。连列第四的伊朗队都可以将澳大利亚队轰出决赛圈,足可见其他队的水平也不可小觑。虽然其他的队未必就一定能战胜澳大利亚,但至少是在一个水平线上了。而四年前澳大利亚当时与阿根廷队争夺最后一张入场券时,就让阿根廷人大出了一身冷汗。如今这支由著名教练维纳布尔斯执教的队伍,其水平提高之快是有目共睹的,然而还是败在了亚洲人脚下。由此来推断亚洲足球水平的提高,可见"证据确凿"。或许,英国人维纳布尔斯已经懊悔当初没有到中国队来执教,要不然,他或许能够创造出名垂千古的"东方奇迹"。

上海豫园队对河南建业队这场平局不像澳、伊平局那么你死我活。而是"你死我死",豫园队踢平之后只能拖建业队的后腿,并不能让自己冲进甲A,而是把松日队送进甲A。表面上看,这是一场"保卫徐根宝"之战,但通过这场比赛豫园队获取了一种进了甲A未必就能得到的精神财富,这就是对足球的敬业精神。虽然赢了这场球进不了甲A,但作为一个职业球员,对待每一场比赛都必须兢兢业业,都必须全身心投入,才能组成一个职业素质良好的球队。记得去年亚洲杯赛上,叙利亚人在出线无望的前提下,使尽浑身解数拼掉了乌兹别克队,将中国队送进了八强。这不仅是口头上的为荣誉而战,而是球员的素质全方位的体现。况且这种关键性的比赛对队员也是一个很好的锻炼和考验,一个球队并不是经常能碰到这种惊心动魄的比赛的,而豫园队顶住了,可以说他们在球技和精神上都有了收获。相比之下,另外一些队员就缺少这种素质,虽然进了甲A,可素质可能还是甲B甚至是"甲C"。豫园队有这种"甲A精神",明年冲进甲A也就指日待了。

(1997.11.29)

可爱又可恨的范志毅

范志毅,我要代表球迷"骂"你一声:可恨!

可恨的范志毅你是那样的可爱,根宝国奥队的拼命三郎,耸着双肩的五星上将,蝉联1995年、1996年中国足球先生,中国足球队的队长,在回归杯上,连足球王国巴西的传媒也破天荒地将目光转向你,我们没法不爱你。

但是你又是那样可恨,可恨的是你的全能。你的能攻善守的才能,几乎胜任过足球场的每一个角色,盯人中卫,后腰,前卫,前锋,自由人。你以你出奇的爆发力和敏锐一次次化险为夷,一次次攻城拔寨,让申花队联赛三年稳坐三甲,在国家队一片灰暗中显出一股迷人的亮色。

然而,正是你的全能,闹得全国的球迷和教头发愁,你到底该在哪一个工作岗位好?徐根宝当初恨不能将你一分为三使用,冲锋陷阵需要你,中场传接需要你,后防卫城需要你,1996年的徐大帅就是不知如何使用你是好,让万达队活生生将甲A桂冠掠去。申花伤心,根宝伤心,你也伤心,当万达队在你的家乡冲顶成功时,那个夜晚,你范志毅没睡好,他徐根宝也没睡好,整个黄浦江都失眠了。

然而,根宝南下。

小范"升官"——国家队队长的标志佩戴在你的臂上。

你比过去沉静多了。

虽然牛脾气还会发一发,但只是砸一砸自己的录音机。

当你以亚洲明星队的队长身份出现在"回归杯"赛场上的时候,你想过这是意味着什么?你是亚洲队的队长。

我心里一喜,这是一个吉兆:中国队或许会以亚洲区外围赛的第一名进军法兰西。——这不只是我的梦想。

可你现在变得有些可恨,你到底放在哪里是最好?

不把你的位置放好,中国足球队的阵容就没法定,更没法冲出亚洲。问题在于你在哪一个位置上似乎都很出色,都比其他人胜任。但你在哪里最好?

困扰着戚务生。

困扰着国家队。

困扰着上亿的球迷。

小范,你想过没有,全国有这么多的人居然为你一个人的位置安排而展开激烈持续的争论,你太幸福,也太可恨了。你觉得你最适合的位置是什么?

你肯定会说,听教练的安排。

让你当守门员,如何?

(大众生活报·边看边谈　1997.07.10)

哦，我的队长

——致范志毅

金州的凄风，金州的苦雨，
金州的秋阳从此不再灿烂。
你在秋风中奔跑，
你在秋风中哭泣，
泪水落在草坪上，
泪水落在大地上，
……雪落在中国的大地上，
寒冷啊封锁着中国。
队长，哦，我的队长，
你看到了吗？

哦，队长，我的队长，
在你和队友们分手的第一个星期天，
国安兄弟和泰山将军相逢，
大雪深深掩着他们的足迹，
大地银若白纸，
雪花猛如泪水，
我眼前却晃着你的身影，
看到你在雪地里飞舞，

在雪地里盘旋,
然后,
凝聚成一个雪人……

中国球迷用雪凝成的希望,
在亚细亚的秋阳下,
巍然屹立,像个巨人。
在亚细亚的秋阳下,
訇然倒塌,像一股溪流,
把悲伤浸透球迷每一根神经。
这黑白分明的足球,
竟这般刺疼中国球迷的眼,
这绿如图画的草地,
竟这样吞没无数的期盼,
队长,哦,我的队长,
我的范大将军,
亲爱的志毅兄弟,
你们就这样离去,
就这样告别二十世纪。
射进第一个点球,
射失最后一个点球,
送给对方一个点球,
我的队长,小范,
我在南京如诉的秋雨中
读懂了秋瑾的"秋风秋雨愁煞人",

读懂了"成也萧何，败也萧何"。

足球是一本书，
一本大书，一本天书，
读不懂，也要读，
不明白，也要读
不明白，也要读，
用脚去读，
用眼去读，
用脑子去读，
用生命去读，
我的队长，你读懂了吗？
——雪落在中国的大地上。
寒冷啊封锁着中国，
队长，你读懂了吗？

11月6日是你的生日，
那一天，沙特队的守门员，
挡出了你机灵的射门，
足球在空中，
飞起，像一块生日蛋糕，
被揉碎，被抹上了灰色。
中国足球没有生日，
中国足球从此只有雪耻日。

哦，队长，我的队长，
遥望法兰西的视线，
在你的球衣上定格，
历史在你的脸上定格，
几代人的梦想在你耸起的肩上，
定格……

队长，哦，我的队长，
你是我们永远的队长！

(门外论道·王干专栏　1997)

年终结算

眼看1997年就要过去，按照习惯，要做年度总结。回顾过去间为了展望未来，虽1998年我不想再开体育类足球类的专栏文字了，但作一个年终结算还是很有必要的，看看是"透支"还是"盈余"。

先说这一年的感受。以前写体育类的随笔，基本上是兴之所至，走到哪儿算哪儿，并没有一个明确的任务放在面前，而《粤港周末》的专栏则是职业联赛性质的，每周一篇，决不能落下，不论出差与否，都得及时交稿。说实在的，我有点踢职业足球的味道，以前是兴之所至，兴趣盎然，而变成"联赛"之后，想踢也得踢不想踢也得踢，踢得好得踢，踢不好也得踢。这中间，我有两次以上打退堂鼓的念头。我以前帮一些报刊开过专栏，全部都是"半拉子工程"。这一次居然坚持到年底，顺利完成了报社交给的任务，这是说明足球魅力的巨大。因为每次我准备撤退的时候，足球总是能够产生一些激起我兴趣的话题，让我无法退出"联赛"。

在这一年内，我对一些比赛作了比较大胆的预测，基本上还准确。比如，我说申花"雄狮"时，用一头狮子能将一群羊带成狮子，而一头羊则会把一群狮子变成羊，1997年申花队从老斯到安杰伊的过程就是一个"狮"与"羊"、"羊"与"狮"变化的过程，对八一"野战排"和天津"工兵营"的定位，也料事准确。"野战排的作战力量别人不可小视，但野战排自己却不可自视强大，否则就会重蹈贾秀全的覆辙，它毕竟是一个排"，事实上庄连胜就蹈了贾秀全的覆辙，如今再度为保级苦战，弄不好就创八一队降级的先例。1997年天津队像1995年、1996年一样再度历险，津门工兵正热血沸腾为天津的荣誉而战，因为这之前万科队已从甲B掉入乙级的深渊。对中国队在冲击十强赛形势的预测，我始终坚持中国队"好球运"的观点。事实上中国队在十强赛上的运气奇好，从来没有的好，虽然屡次错失战机，但命运一次次拯救中国队，几度让中国队从悬崖上起死回生，但遗憾的是中国队的指挥部出了问题，一次次定位失败，一次次错误估计形势，便将到手的良机奉送出去，辜负了千载难逢的机会。在若干年之后若干次比赛中，我们会无数次觉得这一次的球运是那样的极佳。人们常说"稍纵即逝"，而这一次纵了又来，百折不挠，成心偏爱中国队。可幸运之神的爱竟被中国队一次次踢出门外，每次都是那么准确，那么有力，而幸运之神又那么缠绵、那么痴心不改、矢志不移，最终才很不情愿地投到伊朗人的怀抱。

预测只是一种想象和分析，我没到料事如神的地步。对甲A的预测失误，就是我曾大胆断定大连万达的不败之身会毁于前卫寰岛队，并估计很可能客场在重庆的大田湾体育场。事实上这场1997年甲A的开场战，万达依然斩寰岛于马下。但仿佛是为了验证我预测的可信程度，在足协杯赛上，前卫寰岛人硬是两度将大连万达这样的巨无霸拉下马，使他们丧失了"双冠王"的最佳良机。这一举动，绝不是对我的安慰赛，而是寰岛的能力所致。

按记者为足球球员打分的方式，自我评估一下我在1997年在《门外论道》的表现，大约可得8.5分。

(门外论道·王干专栏 1997)

后　记

　　出这样一本球评集纯属意外，我的工作是编辑，但我写过小说、散文、诗歌，而我的社会身份一般被称为评论家，前些年还是青年评论家，这帽子戴了我快三十年，现在总算摘了，但评论家的帽子看来是难以摘掉了，即使我的散文随笔获得了鲁迅文学奖，也没人说我是散文家。其实，我就是一个生活感受的记录者，评论也好，随笔也好，球评也好，都是有感而发。

　　写球评比写其他的文体，更是有感而发，因为足球几乎无禁忌，足球是可以自由评说的项目，社会很多的情绪是通过足球来宣泄的。我不知道我是否是真的球迷，或者说是五星级的球迷，但我在看球之余，还组织足球的一些活动，在南京工作时，组织了江苏作家足球队，电视台甚至放过我们的比赛录像，2006年我在北京又和北京的作家、编辑一起组织了北京的文人足球队，当然最终是因教练骨折球队无疾而终。我们好容易请到一个教练，但教练在教我们传球时，突然骨折了，没人碰到他。球队里很多作家，如格非、李冯、丁天、楚尘等，老大哥孙郁是年龄最大的。领队是出版家藏永清，在我家不远的柳芳中学操场踢。踢完了，大家喝啤酒，很开心。

　　世界杯是我看球的缘由，在我们身上，多少带着那个时代的体育观，常常将足球的强大和国家的兴衰联系在一起。所以，出版社要书名加上"中国梦"，我觉得并不牵强。中国强国梦的理想很多是通过体育来作为表征完成的，中国进入国际社会是通过许海峰的奥运第一块金牌来昭示的。2008年奥运会在北京开过了，我们金牌拿了第一。现在就缺一个世界杯，缺一个世界杯冠军，这是最伟大的中国梦。

我们是看爱国球长大的，但时间长了，发现足球其实是多面体，可以是体育，也可以是政治，还可以是娱乐，还可以是艺术。人类有了足球运动，世界多了几分期盼，多了几分欢乐，有时带着泪水，有时带着烦恼。这样的竞技运动如此充满魅力，是世界和平的一个平衡器。我们在足球的战争中弥散了很多的国际情绪，补偿了很多的国家情怀，释放了很多的民族情感。当然，我们也会纠结在某个细节故作深沉。我在这本球评集里，不乏抓住鸡毛当令箭的夸张和矫情，也有貌似专家的自得和自恋，但不要紧，足球给了我们这些让我们自大、自恋、自得、自虐的可能，踢足球释放人性，看球更是释放人性。人性在足球中释放，比在战争中释放更没有破坏性。

为什么那么喜欢评球？炫耀自己的球商吗？还是我们缺少公共评说的空间？我说不清楚，我在文学评论中说的那些话语不过瘾吗？在一个自己非专业的领域说了那么多的闲话，不害臊吗？我不知道。现在结集出版，是对青春的回望，也是对足球的祭奠。那些年，我们做过这些事，说过这些话，日记般的。纯粹，又纯粹。

2014年6月24日于润民柳芳居